数字

U0669740

Logistics Data Statistics and Analysis

物流数据
统计与分析

刘小玲　汪　炳　赵　丹◎主编

ZHEJIANG UNIVERSITY PRESS
浙江大学出版社
·杭州·

图书在版编目（CIP）数据

物流数据统计与分析 / 刘小玲，汪炳，赵丹主编.

杭州 ： 浙江大学出版社，2024. 8. -- ISBN 978-7-308
-25405-2

Ⅰ. F252

中国国家版本馆 CIP 数据核字第 20240VA409 号

物流数据统计与分析

WULIU SHUJU TONGJI YU FENXI

刘小玲　汪　炳　赵　丹　主编

责任编辑	陈丽勋
责任校对	徐　霞
封面设计	春天书装
出版发行	浙江大学出版社
	（杭州市天目山路148号　邮政编码310007）
	（网址：http://www.zjupress.com）
排　　版	杭州林智广告有限公司
印　　刷	杭州宏雅印刷有限公司
开　　本	787mm×1092mm　1/16
印　　张	11
字　　数	203千
版 印 次	2024年8月第1版　2024年8月第1次印刷
书　　号	ISBN 978-7-308-25405-2
定　　价	35.00元

我国正处于数字化转型的关键时期。数字化时代的到来给物流行业带来了巨大的机遇和挑战。随着数字化技术的不断创新,物流行业内大量的物流数据被生成和积累,这些数据蕴含着宝贵的信息,对于物流企业的决策和运营管理具有重要意义。在物流领域,数据的采集、分析和运用已成为提高效率、降低成本、优化供应链的关键。掌握物流数据统计与分析是"新文科时代"物流管理专业学生必须具备的知识和技能。

《物流数据统计与分析》旨在培养具备国家数字化发展所需知识与技能的物流专业人才,帮助读者全面了解物流数据统计与分析的基本概念、方法和工具,掌握Excel和Python在物流数据分析中的应用技能,提高在数据驱动的决策和管理中的能力,以应对未来复杂多变的职业环境。

本书具有以下几个特色。

(1)理论与实践相结合。本书既强调理论的讲解和基础知识的传授,也注重实际案例的分析和实践技能的培养。通过丰富的案例和实例,读者能够更好地理解理论知识的应用和实践技术的操作。

(2)Excel和Python双重讲解。本书将Excel和Python作为数据分析的主要工具,详细介绍了它们在物流数据统计与分析中的应用方法和实践实例,读者可以从中学会如何运用这两种工具进行数据处理和分析,丰富自己的技能。

(3)具有实用性与可操作性。本书注重培养读者的实际操作能力,通过大量的实际场景案例,给出了处理步骤和流程,引导读者进行实际数据分析的实践。读者在学习过程中不仅能够掌握理论知识,还能够应用所学方法解决实际问题。

本书包括8章,内容涵盖数据预处理、数据分布特征分析、数据相关性和回归分析、运输规划问题分析、数据聚类和判别分析以及数据可视化表达等。第1章为物流数据基本概述,介绍物流相关数据的特点以及软件基础知识。第2章详细讲解如何处理数据中的缺失值、异常值以及进行数据标准化处理。第3章重点探讨数据的分布特征理论,并提供了实际应用案例。第4章介绍数据的相关性和回归分析,并提供相应的应用案例。第5章介绍运输规划问题,分析运输问题和资源分配问题。第6章和第7章介绍数据的聚类分析和判别分析的理论与步骤,并提供相应的应用案例。最后一章涵盖了多种数据可视化表达方式,如柱形图、条形图、折线图、组合图、饼图和三维变量可视化,帮助读者更好地理解和呈现分析结果。

本书可作为物流管理、物流工程、交通运输等相关专业学生的教材,也可作为研究生、物流数据分析师及其他相关人员的参考书。

本书由刘小玲、汪炳、赵丹主编,负责全书整体框架设计和全书修改、定稿工作。在成书过程中,刘莹、马妍雪、潘嘉楠、沈柯名、王吟枫、徐怡驰、裴伦友、王凯等研究生也参与了相关内容和案例的编写。本书参阅了国内外众多专家、学者的文献,引用了其中的观点和结论,在此一并表示衷心的感谢!

限于作者水平,书中的疏漏和错误在所难免,欢迎广大读者批评指正。如有任何问题,请联系我们:liuxiaoling@nbu.edu.cn。

编者

2024年8月

CONTENTS 目　录

第1章
物流数据基本概述

本章着重介绍物流数据的类型和基本处理流程,以及 Python 和 Excel 两个软件的功能。了解这些内容是很有必要的,能为后续的方法学习奠定基础。

1.1　物流数据类型介绍

物流数据在现代供应链管理中起着至关重要的作用,因为它们提供了对物流运作的深入洞察,有助于决策制定和业务优化。这里我们将介绍物流数据的不同类型,这些数据反映了物流活动的各个方面。了解这些数据类型将有助于我们理解物流数据统计与分析的范围和应用。

(1)运输数据

运输数据是最基本的物流数据之一,涵盖了货物的运输过程。这些数据包括货物的起始点和目的地、运输方式(如公路、铁路、水路、航空等)、运输距离、运输时间、运输成本、货物的数量和重量等信息。运输数据对于决策制定、路线优化、成本控制和运输效率评估至关重要。

(2)库存数据

库存数据涵盖了仓储和货物管理方面的信息。这些数据包括仓库中不同商品的数量、存放位置、货物周转率、存储成本和库存周转周期等。库存数据对于库存管理、订单履行、需求规划和仓储空间优化具有关键意义。

(3)订单数据

订单数据包括与客户订单相关的信息,如订单数量、订单类型、订单处理时间、订单状态(已发货、待处理等)及客户信息。这些数据用于跟踪订单的生命周期,确保及时交付和客户满意度。

(4)供应链事件数据

供应链事件数据记录了在供应链中发生的重要事件,如货物到达目的地、交付延迟、库存变化、生产问题等。这些数据有助于监测供应链的实际运行情况,并支持对潜在问题的快速响应。

(5)成本数据

成本数据反映了物流活动的经济方面,包括运输成本、仓储成本、包装成本、人工成本等。这些数据对于成本控制、成本效益分析和预算编制至关重要。

(6)质量和性能数据

质量和性能数据用于评估物流过程的质量和效率。这些数据可以包括货物损坏率、交付准时率、运输时间稳定性等,可帮助物流专业人员识别潜在问题并改进业务运营。

(7)定位技术和传感器数据

随着科学技术的进步,定位技术和传感器数据在物流中的应用越来越广泛。这些数据可以提供货物的实时位置,温度、湿度、振动等物理参数,有助于实时监测货物状态和条件。

(8)客户反馈数据

客户反馈数据来自客户的评价、建议和投诉。这些数据对于改善客户体验、提高服务质量和品牌声誉至关重要。

理解不同类型的物流数据,有助于物流专业人员更好地选择适当的分析方法和工具,以应对物流业务中的各种挑战,并优化供应链管理。物流数据的有效收集和分析是现代物流专业人员不可或缺的核心能力之一。

1.2 数据处理基本流程

数据统计与分析的基本流程通常包括以下步骤。

(1)问题定义与目标设定

明确定义需要解决的问题或分析的目标。这有助于明确分析的方向和目的。

(2)数据收集

收集与问题或目标相关的数据。数据可以有各种来源,包括数据库、文件、传感器、调查问卷等。

(3)数据清洗与预处理

对收集到的数据进行清洗与预处理,以处理缺失值、异常值、重复数据等问题。这确保了数据的质量和一致性。

(4)探索性数据分析(exploratory data analysis,EDA)

进行初步的数据探索,包括汇总统计、可视化分析、相关性分析等。EDA有助于理解数据的特征和潜在关系。

(5)建模与分析

选择合适的统计方法来解决问题。建立模型并进行数据分析,以获取对有关问题或目标的见解。解释数据分析或建模的结果,并将其转化为对问题或目标的理解。这有助于提供有意义的见解和决策建议。

(6)报告与可视化

将分析结果以清晰的报告与可视化方式呈现,以便与决策者、利益相关者或团队分享分析的发现,具体见图1-1。

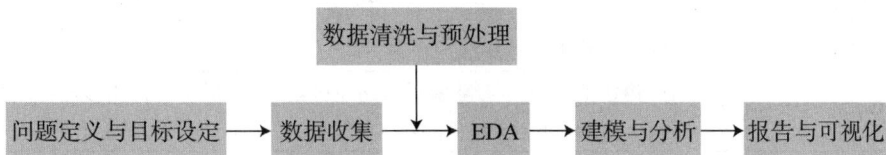

图1-1　数据处理基本流程

这些步骤通常构成了数据统计与分析的基本流程,但具体的流程可能因项目的性质、行业需求和工具选择而有所不同。数据分析是一个迭代过程,通常需要反复探索和改进,以逐渐提高分析的深度和准确性。

1.3　数据处理软件介绍

1.3.1　Python介绍

Python是由荷兰程序员吉多·范罗苏姆(Guido van Rossum)于1990年发明的。最初,Python主要用于编写脚本,但随着时间的推移,它逐渐成为大型项目的首选语言。它具有高度可读性,结构清晰,适合初学者学习。Python被广泛应用于Web开发、数据分析、机器学习等领域。这里将通过以下几个方面进行简单介绍。

（1）Python的特点

Python作为一种被广泛使用的编程语言,其特点如图1-2所示。

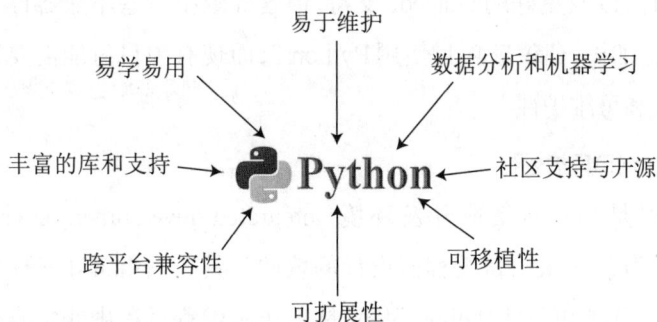

图1-2　Python的特点

Python的主要特性见表1-1。

表1-1　Python的主要特性

特性	描述
易于维护	Python的源代码相当容易维护
易学易用	Python的语法清晰、简洁,遵循明确的缩进规则,使得初学者能够轻松读懂代码。Python有相对较少的关键字,结构简单,语法定义明确,易于上手
丰富的库和支持	Python本身带有非常多的标准库,Python社区更是有着全球更大的第三方库,涵盖了网络、文件操作、数据库访问、图形用户界面(GUI)等各个方面
跨平台兼容性	Python支持Windows、macOS、Linux等多个操作系统,这使得用户可以在不同的平台上运行和使用Python程序
可扩展性	Python可以与其他编程语言(如C++、Java等)进行集成,从而适用于更为广泛的应用领域
可移植性	基于其开放源代码的特性,Python已经被移植到许多平台
社区支持与开源	Python有着一个庞大且活跃的社区,用户遇到任何问题都可以在社区中寻求帮助。此外,Python是一款开源软件,用户可以自由地查看源代码并根据自己的需求进行修改和优化
数据分析和机器学习	由于其简单易用和强大的数据处理能力,Python在数据分析和机器学习领域得到了广泛的应用。许多知名的科学计算和数据分析库(如NumPy、Pandas、Matplotlib等)都是基于Python开发的

（2）Python的版本

Python当前有两个不同的版本：Python 2和Python 3。Python 2和Python 3之间的主要区别包括语法、整数除法和Unicode支持。Python 3引入了更清晰、一致和现代化的语法设计,以及更好的Unicode支持,但这导致了一些不兼容性。随着Python 2于2020年停止维护,建议新项目使用Python 3,而现有项目可能需要迁移到Python 3以保持安全性和可维护性。

1.3.2　Python IDE介绍

Python IDE是Python集成开发环境（integrated development environment）的简称,是一款专门为Python语言编程而设计的软件工具。Python IDE提供了一个开发环境,用于编写、测试和调试Python程序,是Python编程过程中非常有用的工具。现在使用最多的Python IDE主要有PyCharm、Visual Studio Code和Jupyter Notebook等。

（1）PyCharm

PyCharm是一款由捷克软件公司JetBrains开发的Python IDE。它支持Windows、macOS和Linux操作系统,具有强大的代码编辑、调试、代码重构、版本控制等特性。PyCharm被广泛用于Python开发,特别是Web开发、数据科学和机器学习等领域。它的强大功能和友好的用户界面使得Python开发更加高效。表1-2具体介绍了其主要特性。

表1-2　PyCharm的主要特性

特性	描述
代码编辑	PyCharm提供了强大的代码编辑功能,如智能提示、代码补全、错误检测和修复等。此外,它还支持代码重构,可以帮助开发者快速修改和优化代码结构
调试与运行	PyCharm内置了Python调试器,可以方便地进行断点设置、单步执行、查看变量值等操作。同时,它也可以快速运行Python脚本或单元测试
版本控制	PyCharm支持与Git、SVN等版本控制系统集成,可以帮助开发者更方便地管理代码变更和协作开发
Python解释器配置	PyCharm可以轻松地切换不同的Python解释器,如CPython、Jython和IronPython等。此外,它还可以管理多个Python虚拟环境,方便开发者进行项目隔离和依赖管理
代码格式化与风格检查	PyCharm可以根据PEP 8等编码规范自动格式化代码,帮助开发者保持良好的代码风格。同时,它还可以检测并提示潜在的代码质量问题
远程开发	PyCharm支持通过SSH或VNC进行远程开发,方便开发者在远程服务器或虚拟机上编写和调试代码
Django支持	PyCharm为Django Web框架提供了丰富的支持,包括代码导航、模板编辑、模型管理、ORM支持等
数据科学支持	PyCharm为数据科学家提供了一些有用的工具,如IPython Notebook集成、数据查看器、Pandas DataFrame编辑等
机器学习支持	通过安装相应的插件,如Anaconda和Jupyter,PyCharm可以为机器学习开发者提供良好的支持。例如,它可以方便地编辑和运行Jupyter Notebook,并支持诸如TensorFlow、Keras等流行的机器学习框架
插件系统	PyCharm拥有一个强大的插件系统,用户可以根据需要安装各种插件,以扩展其功能。例如,Markdown支持、代码审查、版本控制集成等等
社区版和专业版	PyCharm分为社区版和专业版:社区版是免费开源的,提供丰富的功能,适合大多数开发者使用;专业版则提供更多高级功能,如代码覆盖率、Python分析器、远程开发、Web开发支持等,适合专业开发者和企业使用

(2)Visual Studio Code

Visual Studio Code(简称VS Code)是由微软公司开发的一款免费、开源的跨平台代码编辑器。它于2015年首次发布,目前已经成为全球范围内最受欢迎的代码编辑器之一。VS Code以其强大的功能、广泛的插件支持和轻量级的设计赢得了广大开发者的喜爱。表1-3具体介绍了其主要特性。

表1-3　VS Code的主要特性

特性	描述
轻量级	VS Code作为一个代码编辑器,其安装包体积较小,运行速度非常快
智能感知	通过内置的智能感知引擎,VS Code能够自动识别并提示代码中的关键字、函数和变量等元素,帮助开发者更快地完成编码任务,提高编程效率
代码导航	通过VS Code的代码导航功能,开发者可以快速跳转到项目的任意文件、类和方法等位置
代码调试	虽然VS Code本身并不具备完整的调试功能,但它可以通过插件的形式与各种主流编程语言的调试器集成在一起使用
版本控制	VS Code内置了对Git版本控制系统的支持,用户可以直接在编辑器内进行基本的版本控制操作,如提交、更新和合并等。此外,它还支持与GitHub和其他Git仓库的远程协作功能
插件系统	用户可以通过安装各种插件来扩展编辑器的功能,以满足不同的开发需求。VS Code的市场中心(Marketplace)收录了大量的插件,用户可以根据需要自由选择和安装
代码格式化与重构	通过内置或第三方插件,用户可以按照一定的规则自动调整代码的格式,使其更加规范和易读。此外,开发者还可以对代码进行重命名、提取方法、引入变量等重构操作,以优化代码结构和提高可维护性
主题与配色方案	主题可以改变编辑器的整体样式,包括字体、背景颜色等;而配色方案则可以针对语法元素(如关键字、注释等)设定不同的颜色,以提高代码的可读性
语言支持	VS Code支持多种编程语言,包括JavaScript、TypeScript、Python、C++、C#、Java等。同时,VS Code还支持自定义语言配置和语料库(language packs),用户可以根据需要创建自己的编程语言支持包

（3）Jupyter Notebook

Jupyter Notebook是一款功能强大且灵活的交互式编程环境,适用于数据科学、机器学习、统计学等多个领域。其特点包括交互式编程、版本控制、可扩展性、数据可视化、易于共享、文档与编程的结合、多语言支持、实时代码输出以及内置Magic命令等。这些特点使得Jupyter Notebook成为学术研究、教育和工业应用等领域中非常受欢迎的工具之一。

表1-4是Jupyter Notebook具有的主要特性。

表1-4　Jupyter Notebook的主要特性

特性	描述
交互式编程环境	Jupyter Notebook提供了一个交互式的编程环境,用户可以在其中编写代码并实时查看结果。在数据科学领域,这种交互式环境尤其有用,因为它允许用户轻松地操纵和可视化数据
版本控制	Jupyter Notebook支持版本控制,可以与Git等版本控制系统无缝集成。这有助于跟踪更改、协作处理项目以及恢复以前的版本
可扩展性	Jupyter Notebook允许通过插件来扩展其功能。有许多可用的插件可以提供额外的功能,例如语法高亮、代码格式化和自动完成等。这极大地提高了用户的工作效率并有助于减少错误
数据可视化	Jupyter Notebook支持丰富的数据可视化选项,例如Matplotlib和Seaborn等库。用户可以直接在Notebook中创建各种类型的图表(如线图、柱形图和散点图),以便更直观地分析数据并进行更深入的探索
易于共享	Jupyter Notebook支持多种格式导出,例如HTML、PDF和Markdown等。用户可以将Notebook导出为这些格式并在其他环境中查看或编辑它们。这有助于与其他人共享研究成果并进行协作处理项目
文档与编程的结合	Jupyter Notebook允许用户在同一文档中编写代码、数学公式和文本注释。这使得它可以作为学习和记录过程的理想工具,特别是在处理复杂的算法和数据分析任务时
多语言支持	Jupyter Notebook支持多种编程语言,如Python、R、Julia等。这为开发者提供了极大的灵活性,使开发者可以根据自己的需求和项目选择合适的编程语言
实时代码输出	Jupyter Notebook允许用户在编写代码时实时查看输出。这有助于用户快速调试代码并确保其正确性,从而实现更高效的工作流程
内置Magic命令	Jupyter Notebook提供了一个名为"Magic"的特殊命令系统,可以用于执行一些特定的操作,如管理内核、查看系统信息等。这可以帮助用户更高效地完成任务并简化工作流程
强大的生态系统	Jupyter Notebook拥有一个强大的生态系统,包括许多有用的库和工具。例如,NumPy、SciPy和Pandas等库可以用于数据分析和处理;Matplotlib、Seaborn和Plotly等库可以用于数据可视化;Scikit-learn(sklearn)、TensorFlow和PyTorch等库可以用于机器学习和人工智能应用。这些库和工具的结合使Jupyter Notebook成为一个功能强大的数据分析和处理平台

1.3.3　Excel介绍

Excel是一款功能强大的电子表格处理软件,由Microsoft(微软)公司开发,是Office办公套件中的一部分。它提供一系列工具和功能,帮助用户创建、编辑和格式化电子表格,以及进行数据分析和处理等。

Excel 2021提供了许多功能区块、选项卡和工作表来协助用户完成数据处理和分析。Excel的工作环境主要由标题栏、快速访问工具栏、功能区、编辑栏、工作表等元素组成,具体见图1-3。

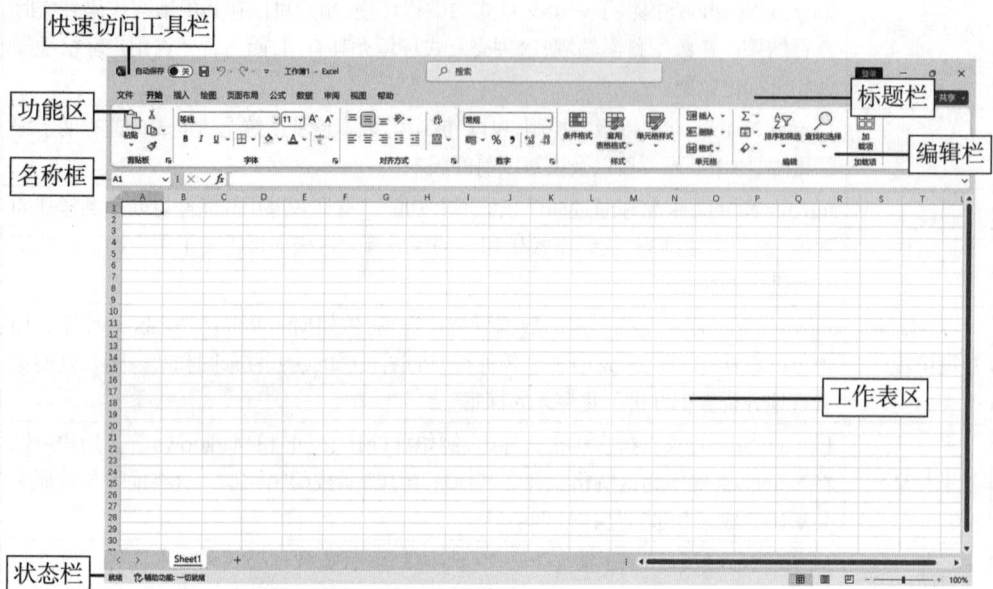

图1-3 Excel的工作窗口

(1)功能区块

功能区块包括开始、插入、绘图、页面布局、公式、数据、审阅、视图、帮助等。与数据处理相关的具体功能介绍如下。

①开始。开始区包含一些常用的文本编辑和格式化工具,以及与单元格内容相关的基本操作,如常用的格式设置、数据输入、排序和筛选等功能,见图1-4。

图1-4 "开始"选项卡

②插入。用户可以向工作表添加各种元素和对象,以改善数据的可视化和呈现,如表格、图形、超链接等,见图1-5。

③公式。公式区提供数学和统计函数、公式编辑工具、名称管理等功能,见图1-6。

④数据。数据区提供数据处理和分析的功能,如排序和筛选数据、创建数据透视表等,见图1-7。

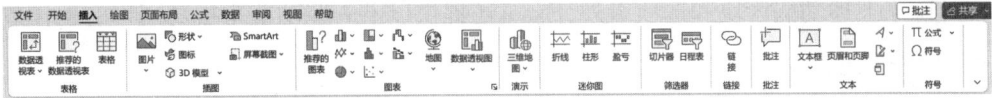

图1-5 "插入"选项卡

图1-6 "公式"选项卡

图1-7 "数据"选项卡

(2)工作表(Sheet)

一个工作簿中可以包含多个工作表,每个工作表都是一个独立的表格区域。用户可以在同一个工作簿中创建多个不同的表格进行数据处理和分析。Excel提供了许多内置函数和对象供用户使用,比如求和函数SUM()、平均值函数AVERAGE()及条件格式工具等来帮助用户更快、更准确地处理和分析数据信息,具体见图1-8。

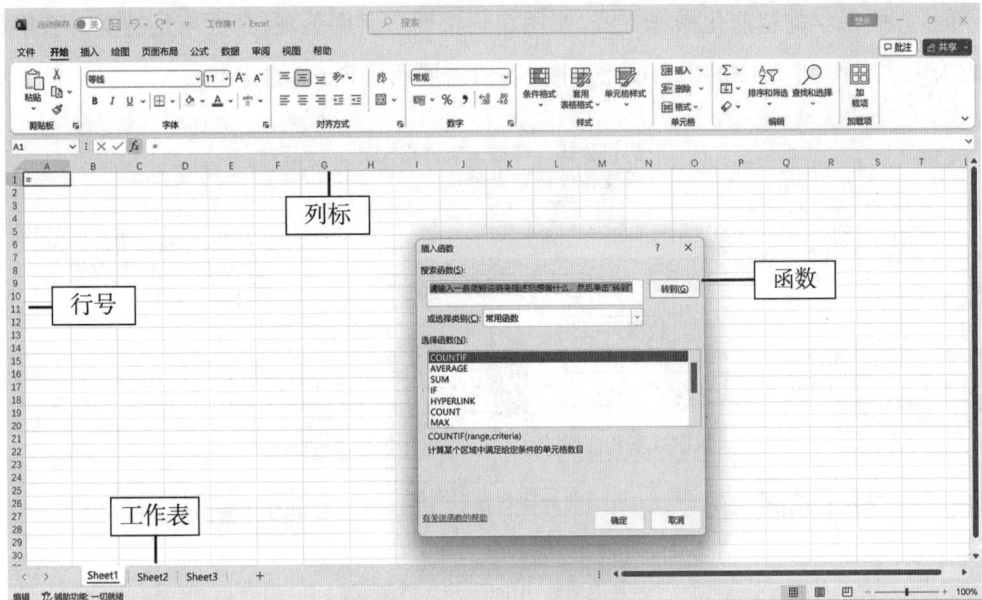

图1-8 Excel工作表示例

除了上述功能区块和选项卡外,Excel还提供以下一些功能来提高用户的工作效率和数据处理能力。

①冻结窗格。用户可以冻结行、列或单元格,使得在滚动表格时,重要的表头或标题行保持可见。这可以帮助用户更容易地理解数据和跟踪位置。

②分级显示/分组。用户可以通过对数据进行分级显示或分组,将数据按照类别进行汇总和展示。这可以帮助用户更好地理解和分析数据之间的关系。

③条件格式。用户可以通过条件格式功能,为满足特定条件的单元格设置特殊的格式,如字体颜色、背景颜色等。这可以帮助用户更直观地识别关键数据和问题。

④数据透视表。数据透视表是一种交互式的报表工具,用户可以根据需要随时对数据进行汇总、分析和展示。它可以帮助用户从不同角度快速了解数据,从而更好地支持决策。

⑤宏(Macro)与VBA(Visual Basic for Applications)。宏和VBA是Excel中的高级功能,它们允许用户通过编写代码来自动执行任务和操作。这可以大大提高工作效率和处理大量数据的能力。例如,可以使用VBA来自动化重复性工作、创建自定义函数或处理复杂的数据分析任务。

(3)Excel的特点

Excel对于日常生活、工作中的表格的数据处理表现良好。Excel通过友好的人机界面、方便易学的智能化操作方式,使用户轻松拥有实用美观、个性十足的实时表格,成为用户工作、生活中的得力助手。图1-9清晰展示了Excel的特点。

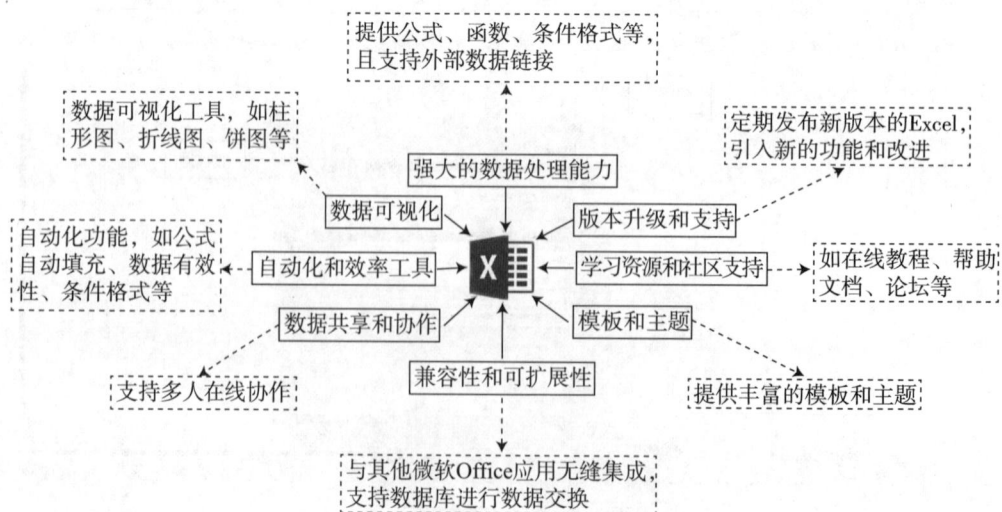

图1-9　Excel的特点

综上所述,Excel是一款功能强大且易于使用的电子表格软件。无论是处理和分析数据、创建可视化报告还是进行团队协作和共享,Excel都能为用户提供高效的解决方案与支持。而在物流数据处理方面,在数据量较小、数据清洗难度较低、需要高效反映数据情况时,Excel能够满足物流工作者的基础操作,因此掌握Excel对物流数据分析有着较大的帮助。

本章课件

第 2 章
数据预处理

在数据采集过程中会出现漏采、人工录入错误、数据类型不同等情况,有时无法统一做数据分析,因此有必要对数据进行预处理。本章介绍常见的缺失值、异常值处理方法和数据标准化处理方法。

2.1 缺失值处理

2.1.1 缺失值处理方法

缺失值的处理方法主要有两种:删除记录和数据插补。在某些情况下,对于部分缺失的数据,如果缺失的部分不影响分析结果,那么即使不对这些缺失数据进行处理,也不会对数据分析产生负面影响。因此,在处理缺失值时,需要根据具体情况来判断是否需要进行删除记录或数据插补等操作。

当某条样本记录的大部分有效数据都缺失时,进行插补操作可能会改变该记录原本的含义,通常应直接删除该记录。在 Pandas 中,可以使用 dropna()函数来执行此类删除操作。但是,使用 dropna()函数时,如果不加限定,只要该行或列中有一个NaN 元素(缺失值),该行或列就会被全部删除。因此,在实际应用中,可以添加特定的条件,使用 how 选项指定删除所有元素都为 NaN 的行或列。

对于分析中必不可少的缺失值,需要进行插补填充。常用的缺失值插补方法如表 2-1 所示。

表2-1 常用的缺失值插补方法

插补方法	方法描述	插补函数
均值/中位数/众数	根据属性值的类型,使用该属性值的均值/中位数/众数进行插补	fillna(mean())、fillna(median())
固定值插补	将缺失的属性值用一个常量替换	fillna(a)(a为任意常数值)
最近邻插补	在记录中找到与缺失样本最接近的样本的该属性值进行插补	fillna(method='pad')/fillna(method='bfill')
插值法	是利用已知点建立合适的插值函数 $f(x)$,未知值由对应点 x_i 求出的函数值 $f(x_i)$ 近似替代	线性插值法、拉格朗日插值法、牛顿插值法、厄米插值法、分段插值法和样条插值法等

为了提高插补数据的可靠度,常采用多项式插值法。拉格朗日插值法和牛顿插值法都是多项式插值方法,这里着重介绍这两种多项式插值法的原理与实现。

(1)拉格朗日插值法

拉格朗日插值法是一种多项式插值方法,它的基本思想是将待求的 n 次多项式插值函数改写成另一种表示方式,再利用插值条件确定其中的待定系数,从而求出插值多项式。对于平面上已知的 n 个点 $(x_1,y_1),(x_2,y_2),\cdots,(x_n,y_n)$,可以找到一个 $n-1$ 次多项式 $y=a_0+a_1x+a_2x^2+\cdots+a_{n-1}x^{n-1}$,使此多项式曲线过这 n 个点,通过代入未知点的 x_{n+1},可求得插补值 $\hat{y}_{n+1}$。具体步骤为:

①求已知的过 n 个点的 $n-1$ 次多项式：

$$y = a_0 + a_1 x + a_2 x^2 + \cdots + a_{n-1} x^{n-1} \tag{2-1}$$

将 n 个点的坐标 $(x_1, y_1), (x_2, y_2), \cdots, (x_n, y_n)$ 代入多项式函数，得：

$$y_1 = a_0 + a_1 x_1 + a_2 x_1^2 + \cdots + a_{n-1} x_1^{n-1} \tag{2-2}$$

$$y_2 = a_0 + a_1 x_2 + a_2 x_2^2 + \cdots + a_{n-1} x_2^{n-1} \tag{2-3}$$

$$\cdots\cdots$$

$$y_n = a_0 + a_1 x_n + a_2 x_n^2 + \cdots + a_{n-1} x_n^{n-1} \tag{2-4}$$

解出拉格朗日插值多项式为：

$$
\begin{aligned}
L(x) = & y_1 \frac{(x-x_2)(x-x_3)\cdots(x-x_n)}{(x_1-x_2)(x_1-x_3)\cdots(x_1-x_n)} + \\
& y_2 \frac{(x-x_1)(x-x_3)\cdots(x-x_n)}{(x_2-x_1)(x_2-x_3)\cdots(x_2-x_n)} + \cdots + \\
& y_n \frac{(x-x_1)(x-x_2)\cdots(x-x_{n-1})}{(x_n-x_1)(x_n-x_2)\cdots(x_n-x_{n-1})}
\end{aligned}
\tag{2-5}
$$

$$= \sum_{i=1}^{n} y_i \prod_{j=1, j \neq i}^{n} \frac{x-x_j}{x_i-x_j}$$

②将缺失的函数值对应的点 x_{n+1} 代入插值多项式得到缺失值的近似值 $\hat{y}_{n+1} = L(x_{n+1})$。

拉格朗日插值法具有紧凑的公式结构和方便的理论分析，能够考虑全局信息。然而，当插值节点增减时，插值多项式也会随之变化，这在实际计算中不太方便。为了解决这个问题，可以采用牛顿插值法。

（2）牛顿插值法

牛顿插值法引入了差商的概念。相比于拉格朗日插值法，它的优势在于它具有继承性和易于变动节点的特点。从本质上来说，两者给出的结果是一样的（相同次数、相同系数的多项式），只不过表示形式不同。

①求已知的 n 个点对 $(x_1, y_1), (x_2, y_2), \cdots, (x_n, y_n)$ 的所有阶差商公式：

$$f[x_1, x] = \frac{f[x] - f[x_1]}{x - x_1} = \frac{f(x) - f(x_1)}{x - x_1} \tag{2-6}$$

$$f[x_2, x_1, x] = \frac{f[x_1, x] - f[x_2, x_1]}{x - x_2} \tag{2-7}$$

$$f[x_3, x_2, x_1, x] = \frac{f[x_2, x_1, x] - f[x_3, x_2, x_1]}{x - x_3} \tag{2-8}$$

$$f[x_n,x_{n-1},\cdots,x_1,x]=\frac{f[x_{n-1},\cdots,x_1,x]-f[x_n,x_{n-1},\cdots,x_1]}{x-x_n} \tag{2-9}$$

联立以上差商公式建立如下插值多项式：

$$\begin{aligned}f(x)=&f(x_1)+(x-x_1)f[x_2,x_1]+(x-x_1)(x-x_2)f[x_3,x_2,x_1]+\cdots+\\&(x-x_1)(x-x_2)\cdots(x-x_{n-1})f[x_n,x_{n-1},\cdots,x_2,x_1]+\\&(x-x_1)(x-x_2)\cdots(x-x_n)f[x_n,x_{n-1},\cdots,x_1,x]\\=&P(x)+R(x)\end{aligned} \tag{2-10}$$

其中：

$$\begin{aligned}P(x)=&f(x_1)+(x-x_1)f[x_2,x_1]+(x-x_1)(x-x_2)f[x_3,x_2,x_1]+\cdots+\\&(x-x_1)(x-x_2)\cdots(x-x_{n-1})f[x_n,x_{n-1},\cdots,x_2,x_1]\end{aligned} \tag{2-11}$$

$$R(x)=(x-x_1)(x-x_2)\cdots(x-x_n)f[x_n,x_{n-1},\cdots,x_1,x] \tag{2-12}$$

$P(x)$是牛顿插值逼近函数，$R(x)$是误差函数。

②将缺失的函数值对应的点 x_{n+1} 代入差值多项式得到缺失值的近似值 $\hat{y}_{n+1}=f(x_{n+1})$。

2.1.2　缺失值处理案例

【案例2-1】

某物流通道斜拉桥的健康监测传感器的采样数据如图2-1所示。

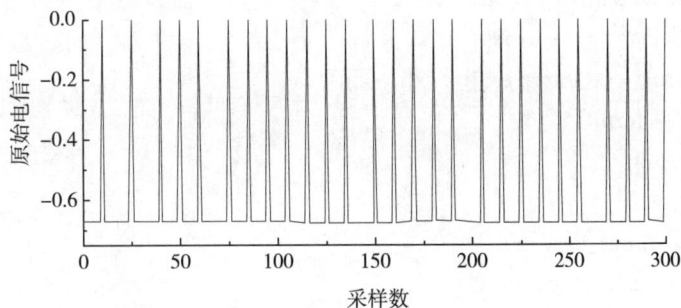

图2-1　某传感器原始电信号

该传感器监测的是斜拉索的索力值，采样频率为10 Hz，而缺失率约1个/秒。可以看出，单点缺失极多。采用样条插值法处理，数据质量提高了很多，结果如图2-2所示。

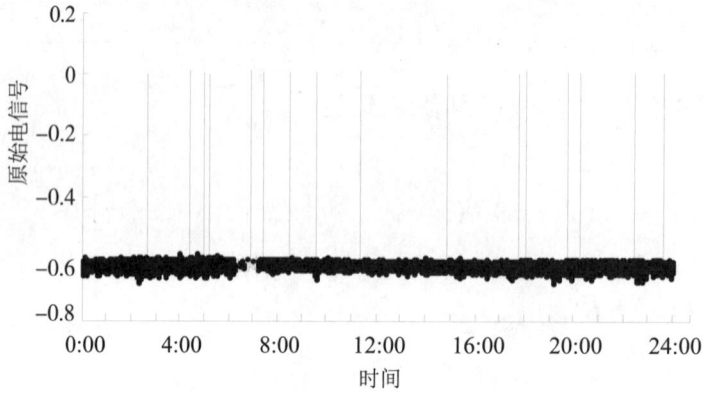

图2-2　某传感器缺失数据处理结果

Python代码如下：

```python
import csv
import numpy as np
# 拉格朗日插值函数
def lagrange_interpolation(x, y, x_interp):
    n = len(x)
    result = 0.0
    for i in range(n):
        term = y[i]
        for j in range(n):
            if j != i:
                term *= (x_interp - x[j]) / (x[i] - x[j])
        result += term
    return result
# 读取CSV文件
input_file = 'input_data.csv'
output_file = 'output_data.csv'
x_values = []
y_values = []
with open(input_file, 'r') as file:
    reader = csv.reader(file)
    next(reader)                    #跳过标题行
    for row in reader:
        x_values.append(float(row[0]))    # 第一列数值
        y_values.append(float(row[1]))    # 第二列数值
# 对读取的数据进行拉格朗日插值
```

```
x_interp = np.linspace(min(x_values), max(x_values), 1000)
y_interp = lagrange_interpolation(x_values, y_values, x_interp)
# 将插值结果写入新的 CSV 文件
with open(output_file, 'w', newline='') as file:
    writer = csv.writer(file)
    writer.writerow(['Interpolated_Value', 'Interpolated_Data'])
    for i in range(len(x_interp)):
        writer.writerow([x_interp[i], y_interp[i]])
print(f"Interpolation completed. Results saved in '{output_file}'.")
```

2.2 异常值处理

异常值是指在一个数据集中与其他数据点明显不同或显著偏离大多数数据点的数值,如在人的身高数据集$\{1.70, 1.75, 1.77, 1.82, 1.65, 1.88, 1.92, 2.0, 1.67, -1.73\}$中,身高$-1.73$米明显为异常值。异常值通常是各种原因引起的,包括数据录入错误、真实但罕见的事件(如地震、洪水和极端天气等)。异常值的出现可能对数据分析、统计建模和可视化产生重要影响,因此,检测异常值是数据挖掘的核心问题之一。

2.2.1 异常值检测方法

异常值检测方法主要包括以下几种。

(1)基础统计量分析

先对变量做一个"描述性统计"分析,得到一些基础统计量,从而查看哪些数据是不合理的。最常用的统计量是最大值和最小值,用来判断这个变量的取值是否超出了合理的范围。

(2)箱型图分析

在箱型图中箱体表示数据的四分位数范围,通常包括数据的中间50%。箱体的上边缘是上分位数(Q3),表示全部数据中有四分之一的数据比它大;下边缘是下分位数(Q1),表示全部数据中有四分之一的数据比它小;箱体的高度表示四分位距(interquartile range, IQR),即Q3和Q1的差值。须线(whiskers)是延伸自箱体的直线,用于表示数据的最大值(上限)和最小值(下限)。在箱型图中,异常值是离开须线

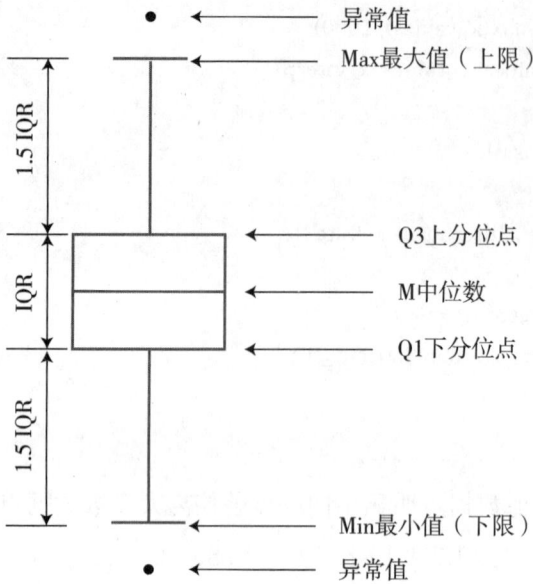

图2-3　箱型图检测异常值

图中标注：异常值、Max最大值（上限）、1.5 IQR、Q3上分位点、IQR、M中位数、Q1下分位点、1.5 IQR、Min最小值（下限）、异常值

的数据点，它们通常被定义为在1.5倍IQR之外的数据点，具体见图2-3。

箱型图的优点包括提供了数据分布的直观概览，突出了异常值，并有助于比较不同数据集的分布；可以帮助分析人员快速了解数据的中心趋势、离散度和异常情况；可以轻松用于多维数据，例如将多个箱型图排列在一起以比较不同类别或组的数据，使在多个维度上识别异常值变得可行；它是一种常用的数据探索工具，特别适用于小到中等规模的数据集。

（3）3σ原则

3σ原则是基于数据的正态分布假设的，通常适用于具有正态分布或近似正态分布的数据集。根据3σ原则，如果数据集是正态分布的，那么在均值加减3个标准差的范围即$(\mu-3\sigma, \mu+3\sigma)$内应包含大约99.7%的数据点。因此，任何远离均值超过3个标准差的数据点都可以被视为潜在的异常值。如果数据不服从正态分布，可以使用数据点远离均值的n倍标准差进行描述（n的取值根据实际情况而定）。

（4）Z分数法

Z分数法（Z-score）也称为标准化分数，是一种用于检测和度量数据点相对于其均值的偏差的统计方法，通常用于识别和量化异常值，或用于标准化数据以便进行比较和分析。Z分数法是使用均值和标准差来计算每个数据点的Z分数，若该数据点的计算值大于2或3，则将其视为异常值，也可以根据需要对阈值进行调整。计算Z分数的公式如下：

$$Z\text{-score}(x_i)=\frac{x_i-\mu}{\sigma} \tag{2-13}$$

式中，Z-score(x_i)是数据点x_i的Z分数。

(5)稳健Z分数法

稳健Z分数法(robust Z-score)是一种改进的Z分数法,旨在提高对非正态分布和包含异常值的数据的鲁棒性。与传统的Z分数法不同,稳健Z分数法使用中位数和绝对离散差异(mean absolute deviation,MAD)来计算数据点相对于中位数的标准化偏差,这使得它对异常值不太敏感,适用于更多的数据分布情况。计算稳健Z分数的公式如下:

$$\text{Robust Z-score}(x_i) = \frac{x_i - \text{Median}(x)}{k \times \text{MAD}} \tag{2-14}$$

式中,Robust Z-score(x_i)是数据点x_i的稳健Z分数;Median(x)是数据集的中位数;k是尺度因子,通常取1.4826;MAD是绝对离散差异,可由式2-15计算。

$$\text{MAD} = \text{Median}\left(\left|x_i - \text{Median}(x)\right|\right) \tag{2-15}$$

2.2.2　异常值处理方法

处理异常值的方法取决于数据分析的目标和异常值的性质。以下是一些常见的异常值处理方法。

(1)删除异常值

对于明显是数据错误或极端离群值的异常点,可以考虑将其直接从数据集中删除。这种方法适用于异常值对于数据分析的影响较小或不相关的情况,其缺点也很明显,在数据稀缺或异常值包含有关数据问题的重要信息时,删除异常值可能导致数据的信息损失。

(2)替代异常值

替代异常值是指用代表性的数值来代替异常值,如使用平均值、中位数或者插值法,以降低异常值对数据分析的影响。此方法适用于异常值对分析结果的影响相对较小时,但需要谨慎选择替代值以保持数据的一致性。

(3)视为缺失值

将异常值视为缺失值,利用缺失值的处理方法进行处理。

(4)不处理

在某些情况下,可以选择不处理异常值。如所谓的异常值有时实际上是合理的数据点,反映了真实的情况(如地震、海啸、台风等恶劣环境影响下产生的数据);异常值有时可能包含有关数据质量或业务问题的信息;数据集大且稳定,即使存在异常值,数据的整体趋势和模式仍然保持一致。

处理异常值的方式取决于研究的目的以及异常值对分析的影响。在处理异常值时,需对处理方法的影响进行评估,以确保不会引入不良影响或失去重要信息。有时,异常值可能包含有关数据或研究对象的重要信息,不应被删除。在其他情况下,异常值可能是数据质量问题的体现,需要被纠正或删除。

2.2.3 异常值处理案例

【案例2-2】

以图2-2为例,可以看出,单个离群点较多,从而影响更细致的索力趋势分析。另外,纵坐标仍是原始电信号,还不是期望的索力值,因此,使用3σ原则剔除野值后对数据进行变换。将传感器采集的数字信号转化成反映结构特征的数值,通常被测物理量与传感器的输出之间呈线性关系。变换公式为:

$$Y = K(X - N_0) + B \tag{2-16}$$

式中,Y为标度变换后的数值;X为电信号值;K、B为与监测参数、数据点所在断面和位置的相关系数;N_0为参数初始值。

查看该桥传感器系统的硬件手册中索力数据解算公式,即式(2-16)中对应的参数值分别为:$K = -2063.1$,$B = 1600.158$,$N_0 = 0$。于是,得到对应的索力物理量值。野值剔除、数据变换后的结果如图2-4所示。

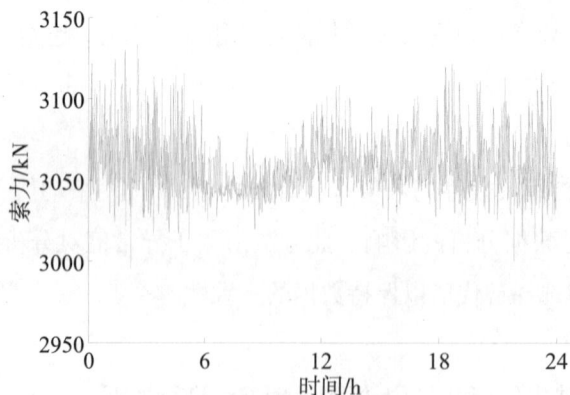

图2-4 某索力野值剔除、数据变换后的结果

数据处理的Python代码如下:

```python
import pandas as pd
# 读取数据文件
file_path = 'data_file.csv'    # 替换为实际文件路径
```

```
data = pd.read_csv(file_path)
# 计算数据列的均值和标准差
mean_value = data['data_column'].mean()
std_dev = data['data_column'].std()
# 使用3σ原则识别异常值的范围
lower_bound = mean_value - 3 * std_dev
upper_bound = mean_value + 3 * std_dev
# 删除异常值
filtered_data = data[(data['data_column'] >= lower_bound) & (data['data_column'] <= upper_bound)]
# 保存处理后的数据到新文件
output_file_path = 'filtered_data.csv'        # 替换为实际输出文件路径
filtered_data.to_csv(output_file_path, index = False)
```

2.3 数据标准化处理

数据标准化是数据挖掘和分析的关键预处理步骤,它在不同类型的数据之间建立了一个平等的基础。不同类型的数据通常具有不同的度量单位和数值范围,这可能导致数值上的差异非常大。因此,为了确保数据分析和建模的准确性,我们需要对数据进行标准化处理,将其按比例缩放到一个共同的范围内,从而便于进行综合分析。

2.3.1 数据标准化方法

数据标准化有助于消除不同类型数据之间的量纲和取值范围的不一致性,使得它们可以在同一尺度下进行比较。例如,可以将不同数据属性的值映射到标准化区间,如$[-1,1]$或$[0,1]$,从而消除绝对数值的影响,更关注数据之间的相对关系。

此外,数据标准化在多种算法中都具有广泛的应用。数据标准化是数据分析和挖掘过程中不可或缺的步骤,消除了数据差异,有助于准确性和模型性能的提高,因而被广泛应用于各种机器学习和数据科学任务中。对于涉及物流的分类算法,标准化可以显著加快模型的训练速度。这是因为标准化后的数据更容易收敛到最优解,从而减少训练时间。对于基于距离度量的分类算法和聚类算法,数据标准化有助于平衡不同属性之间的权重,避免某些属性由于值范围较大而对结果产生不适当的影响。

常见的几种数据标准化方法如下。

（1）最小—最大标准化

最小—最大标准化也称为离差标准化，是对一列原始数据的线性变换，变换结果到闭区间 $[X_{newmin}, X_{newmax}]$，变换公式如下：

$$x^* = \frac{x - \min}{\max - \min}(X_{newmax} - X_{newmin}) + X_{newmin} \tag{2-17}$$

其中，max 为样本数据的最大值，min 为样本数据的最小值，max−min 为极差。

如果令 $X_{newmin}=0$，$X_{newmax}=1$，会将数值映射到 $[0,1]$ 中。转换公式如下：

$$x^* = \frac{x - \min}{\max - \min} \tag{2-18}$$

离差标准化保留了原来数据中存在的关系，是消除量纲和数据取值范围影响的最简单方法。这种处理方法的缺点是：如果数据集中某个数值很大，则标准化后各值会接近0，并且标准化后的数据之间将会相差不大。同时，超出目前属性取值范围 $[\min, \max]$，会引起系统出错，需要重新确定 min 和 max。

最小—最大标准化可以通过 sklearn 中的 preprocessing.MinMaxScaler() 函数实现。

（2）小数定标标准化

通过移动属性值的小数位数，将属性值映射到 $[-1,1]$，移动的小数位数取决于属性值绝对值的最大值。变换公式如下：

$$x^* = \frac{x}{10^{\lceil \lg|x| \rceil}} \tag{2-19}$$

（3）log 函数标准化

log 函数标准化通过以 10 为底的 log 函数转换的方法实现，把一列数值转换到区间 $[0,1]$ 中，具体方法如下：

$$x^* = \frac{\lg x}{\lg \max} \tag{2-20}$$

如果是负值，则都取绝对值。

（4）绝对值最小—最大标准化

绝对值最小—最大标准化通过除以每一维特征 x 上的最大绝对值，从而把特征变换到闭区间 $[-1,1]$ 中，但不会平移整个分布特征，也不会破坏原来每一个特征向量的稀疏性。变换公式如下：

$$x^* = \frac{x}{\max|x|} \tag{2-21}$$

2.3.2 数据标准化处理案例

【案例2-3】

以表2-2中的货运量值为例,需要将货运量和客运量做标准化处理,再用于后续的相关方法研究。以货运量为例,利用上述四种方法,处理结果如图2-5所示。可见,用不同的标准化方法将得到不同区间的标准化数据,在实际项目应用中,应根据数据的特点选择适合的标准化处理方法。

表2-2　数据标准化处理案例数据

年份	货运量/万吨	客运量/万人
2012	32616	28053
2013	35409	24793
2014	40407	16508
2015	42083	14230
2016	46258	10450
2017	52520	10609
2018	61454	10965
2019	68407	11451
2020	71898	7513
2021	78747	7169
2022	80100	4822

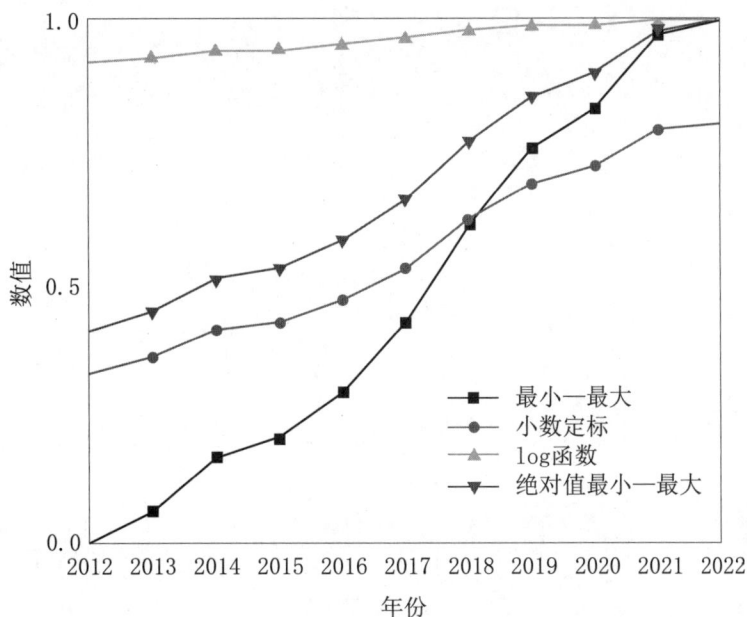

图2-5　标准化方法结果示例

本章课件和案例代码

## 第 3 章

数据分布特征分析

本章介绍数据基本特征、数据分布类型和周期性分析，这有助于我们理解和分析
数据的特点，为建立模型、制定策略和做出决策提供支持。

3.1　数据基本特征

3.1.1　均值、中位数与众数

在描述一组数据时，我们常常用一些特征量来表示这组数据的集中趋势或典型水平。这些特征量代表这组数据的频数分布中大量数据向某一点集中的情况，从而反映数据资料的典型水平。常用的特征量有均值、中位数和众数等。

均值又称算术平均数，它表示总体标志总量与总体单位总数的比值，在表示数据集中趋势方面有显著的优势。计算公式如下：

$$\mu=\frac{1}{N}\sum_{i=1}^{N}x_i \tag{3-1}$$

式中，N 为数据点的数量，x_i 表示第 i 个数据点的值。

位置平均数有中位数和众数。数据按大小顺序排列后，位于中间位置的数据是中位数值。在一定范围内出现次数最多的数据是众数值。两者均适用于总体数据波动变化不大的情况。当数据波动较大时，均匀程度低，离中趋势明显，因此选取众数和中位数有时不能准确反映总体标志总量。

3.1.2　方差与标准差

方差是各个数据与均值之差的平方的均值，用公式表示如下：

$$\sigma^2=\frac{1}{N}\sum_{i=1}^{N}(x_i-\mu)^2 \tag{3-2}$$

式中，μ 是均值，σ^2 是方差。

标准差 σ 就是方差的算术平方根。它的计算公式是：

$$\sigma=\sqrt{\frac{1}{N}\sum_{i=1}^{N}(x_i-\mu)^2} \tag{3-3}$$

方差和标准差是用来表示数据离散程度的特征数。方差或标准差越小，这组数据往往波动就越小、越稳定。

3.2　数据分布类型

数据分布特征主要有离散型分布和连续型分布，常用的分布有泊松分布、指数分布、正态分布等。

3.2.1　泊松分布

泊松分布（Poisson distribution）是一种用于描述随机事件发生次数的概率分布，主要用于描述事件在单位间隔（时间、距离、面积、体积）内独立地发生的概率分布。

换句话说,如果一个事件在某个固定间隔内能够发生的次数是随机的,并且每一次事件发生的概率相等,而且这些事件之间相互独立,那么这个事件的发生次数服从泊松分布。

泊松分布可以用于估计某段时间内通过某段道路的车辆数量、汽车站台的候客人数、某个公交车站1小时内公交车到站的次数、机器出现的故障数、自然灾害发生的次数等事件发生的概率分布。

如果一个离散随机变量X,它的质量密度函数由下式给出,则我们称这个离散随机变量X服从泊松分布,如图3-1所示。

$$P(X=k)=\frac{m^k e^{-m}}{k!}, \quad m>0, \quad k=0,1,2,\cdots \tag{3-4}$$

式中,m为单位时间内事件的平均发生次数;k为单位时间内事件发生的次数;e为自然常数,值约为2.718。

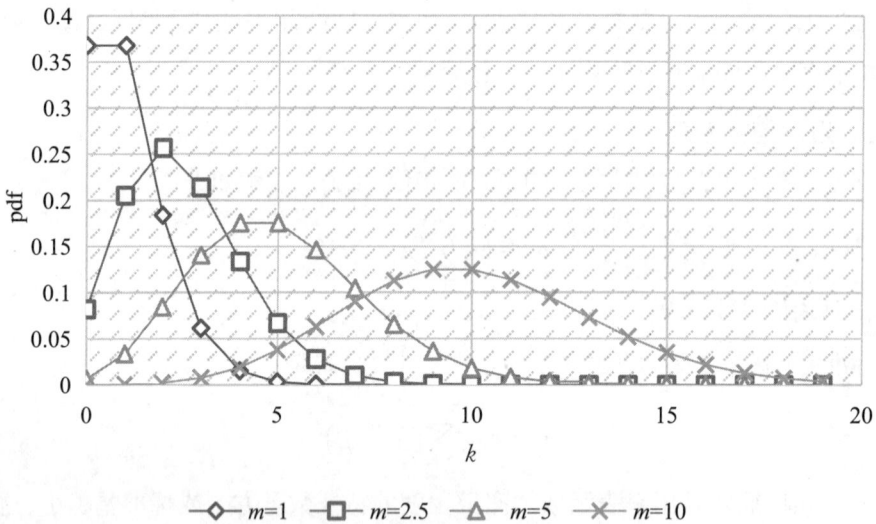

图3-1 当m取不同值时对应的泊松分布(pdf指概率密度函数值)

当交通流随机且密度不大,车辆之间的相互影响微弱,并且几乎不受外界交通环境干扰时,泊松分布可以较好地用于拟合观测数据。

$$P(k)=\frac{(\lambda t)^k e^{-\lambda t}}{k!}, \quad k=0,1,2,\cdots \tag{3-5}$$

式中,$P(k)$为在间隔时间t内到达车辆数为k的概率;λ为车辆在每个间隔时间t内的平均到达率(辆/s);t为计数间隔时长(s)。

可以看出,$\lambda t=m$,为计数间隔t内平均到达的车辆数。

3.2.2　指数分布

指数分布又称负指数分布（exponential distribution），是一种连续概率分布。指数分布可以用来表示独立随机事件发生的时间间隔，比如旅客进入机场的时间间隔、打进客服中心电话的时间间隔等。在交通领域，也常用来描述车头时距或穿越空档、速度等交通流特性的分布特征。

指数分布适用于车辆到达是随机的、有充分超车机会的单列车流和密度不大的多列车流的情况。通常认为当每小时的不间断交通量等于或小于500辆时，用指数分布描述车头时距是符合实际的。

若车辆到达符合泊松分布，则车头时距就是负指数分布。由式(3-5)可知，在计数间隔t内没有车辆到达（$k=0$）的概率是：

$$P(0)=\mathrm{e}^{-\lambda t} \tag{3-6}$$

上式表明在具体的时间间隔t内，如无车辆到达，则上次车到达和下次车到达之间，车头时距至少有t。换句话说，$P(0)$也是车头时距等于或大于t的概率，于是得到：

$$P(h\geqslant t)=\mathrm{e}^{-\lambda t} \tag{3-7}$$

3.2.3　正态分布

在实际生活应用中，大量的变量指标背后的数据具有中心密集、两边稀疏的特点，这就是正态分布（normal distribution）。正态分布是统计领域中最常用的分布。从理论上看，正态分布具有良好的性质，许多概率分布可以用它来近似；还有一些常用的概率分布是由它直接导出的，例如对数正态分布、t分布、F分布等。正态分布的概率密度函数为：

$$f(x)=\frac{1}{\sqrt{2\pi}\,\sigma}\mathrm{e}^{-\frac{(x-\mu)^2}{2\sigma^2}},\quad -\infty<x<+\infty \tag{3-8}$$

式中，μ为正态分布的均值，σ^2为正态分布的方差。

特别地，当$\mu=0$，$\sigma=1$时，得到$X\sim N(0,1)$，此时，称X服从标准正态分布。由图3-2可知，正态曲线呈钟形，两头低，中间高，左右对称。

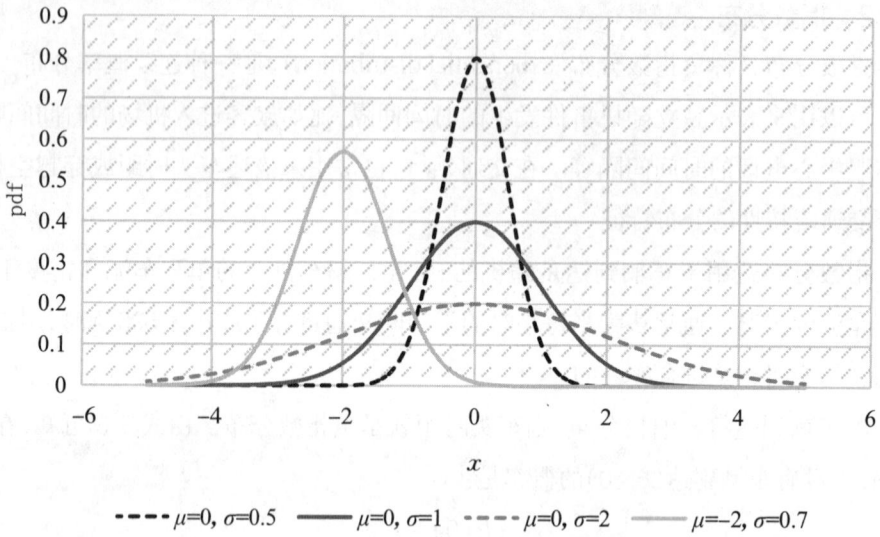

图3-2　参数取不同值时对应的正态分布

　　正态分布的概率是概率密度曲线下方对应的区域面积。表3-1列举了三种常见情况和对应的表达式。

表3-1　正态分布概率密度曲线常见情况及其表达式

常见情况	表达式
	$P(a<X<b)=f(x)$ 在 a、b 之间的面积 $=\int_{a}^{b}f(x)\mathrm{d}x$
	$P(X<a)=f(x)$ 在 a 左边的面积 $=\int_{-\infty}^{a}f(x)\mathrm{d}x$

续表

常见情况	表达式
	$P(X>b)=f(x)$在b右边的面积$=\displaystyle\int_{b}^{+\infty}f(x)\mathrm{d}x$

实际生活中利用正态分布的方法常见的有3σ原则和六西格玛(6σ)管理法。

正态分布的3σ原则为:数值分布在$(\mu-\sigma,\ \mu+\sigma)$内的概率为0.6827;数值分布在$(\mu-2\sigma,\ \mu+2\sigma)$内的概率为0.9545;数值分布在$(\mu-3\sigma,\ \mu+3\sigma)$内的概率为0.9973,可以认为,数值几乎全部集中在$(\mu-3\sigma,\ \mu+3\sigma)$内,超出这个范围的可能性仅占不到0.3%。该准则可用于数据的剔除处理,具体见图3-3。

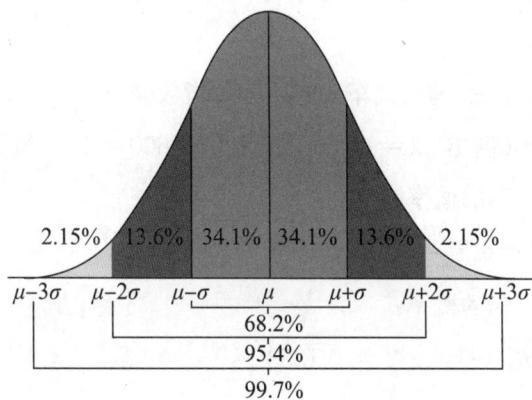

图3-3 正态分布的3σ原则

六西格玛(6σ)管理法是一种质量管理的方法,核心是追求零缺陷生产。六西格玛背后的原理就是如果你检测到你的项目中有多少缺陷,你就可以找出如何系统地减少缺陷,使你的项目尽量完美的方法。一个企业要想达到六西格玛质量管理标准,那么它的出错率不能超过多少呢?

实证研究表明,流程在短期内的表现往往比长期内的实际表现要好。这是因为在短期内,需要处理的只是正常的过程变化。然而在长期内,生产流程会产生漂移,这个漂移量约为1.5个标准差,因此6σ质量水准是对流程能力减去1.5后所得,即

4.5σ。在正态分布 4.5 分位处, 我们查得的概率值是 3.4 ppm, 也就是企业生产的产品每百万次的缺陷数 (DPMO) 为 3.4。

3.2.4 数据分布特征分析案例

【案例 3-1】

一条特定的河流, 平均每 100 年发生 1 次洪水。假设发生洪水次数符合泊松分布, 请计算 100 年间发生 0 次、1 次、2 次洪水的概率。使用 Excel 进行计算, 100 年间发生 0 次、1 次、2 次洪水的概率计算公式如表 3-2 所示。

表 3-2　概率计算公式

不同情景	POISSON.DIST(x, mean, cumulative)	概率
100 年间发生 0 次洪水	= POISSON.DIST(0, 1, FALSE)	0.368
100 年间发生 1 次洪水	= POISSON.DIST(1, 1, FALSE)	0.368
100 年间发生 2 次洪水	= POISSON.DIST(2, 1, FALSE)	0.184

【案例 3-2】

某交通流属于泊松分布, 已知交通量为 1200 辆/h, 求车头时距 $t \geqslant 5s$ 的概率, 车头时距 $t > 5s$ 所出现的次数。

已知交通流属于泊松分布, 则车头时距为负指数分布。

交通量 $Q = 1200$(辆/h), $\lambda = Q/3600 = 1200/3600 = 1/3$(辆/s)。

(1) 车头时距 $t \geqslant 5s$ 的概率:

$P(h \geqslant 5) = e^{-\lambda t} = e^{-5/3} = 0.19$

(2) 车头时距 $t > 5s$ 的概率:

$P(h > 5) = P(h \geqslant 6) = e^{-6/3} = 0.1353$

所以, 次数为 $1200 \times 0.1353 = 162.4$(辆/h)。

3.3 周期性分析

周期性分布是指数据在一定时间或空间范围内以明显的周期性方式变化的分布特征。较长的周期性变化有年度周期性趋势、季节性周期性趋势; 较短的周期性变化有月度周期性趋势、周度周期性趋势、天度周期性趋势、小时度周期性趋势。

周期性分析对于数据分析至关重要, 它帮助人们识别和理解数据中的季节性和周期性模式, 为经济、气象、市场营销和社会科学等多个领域提供关键见解, 有助于人们更好地预测趋势、制定决策和规划资源。因此, 下文将对周期性分析的具体方法进行介绍。

3.3.1　时间序列分析

周期性分析常采用时间序列分析方法。时间序列也称动态序列,是指将某种现象的指标数值按照时间顺序排列而成的数值序列。该方法适用于各种社会经济统计指标,这些指标根据时间维度进行记录,可以是年度、季度、月度甚至更短的时间间隔,甚至可以是实时数据(以秒为单位)。时间序列充分反映了某一统计指标随时间的变化趋势,它是一种用来观察和分析长期数据变动的重要数据形式。

(1)时间序列分解

时间序列是某个指标数值长期变化的数值表现,故时间序列数值变化背后必然蕴含着数值变换的规律性,这些规律性就是时间序列分析的切入点。一般情况下,时间序列的数值变化规律有以下三种:长期变动、周期变动和不规则变动。不同的数值变化规律是由不同影响因素决定的,具体如表3-3所示。

表3-3　数值变化规律的影响因素

影响因素	含义
长期变动(趋势成分)	是指长期内对时间序列产生影响的因素。通常是指与经济、技术、人口等长期发展趋势相关的因素。趋势可以使用线性回归、霍尔特线性趋势模型、霍尔特—温特斯非线性趋势模型等来建模和预测
周期变动(周期性成分)	是指时间序列中某个特定时间段内出现的重复性模式。常用的周期性模型包括周期性ARIMA模型、周期性指数平滑模型等
不规则变动(随机性成分)	不规则变动往往表现为时间序列中的随机波动,难以通过常规模型来捕捉。残差图常被用于展示模型对时间序列的拟合效果,即模型预测值与实际观测值之间的差异。这有助于识别模型是否存在问题,如有无捕捉到重要的模式、是否有系统性的残差结构等。分析残差图,有助于改进模型,提高其预测准确性

综上,时间序列分解就是将时间序列数据拆分为趋势、周期性和随机性三个成分的方法。这种方法可以帮助分析人员更好地理解时间序列数据中各个部分的影响,进而更好地进行模型选择和时间序列预测。时间序列分解的方法通常有加法模型和乘法模型。

加法模型是将时间序列数据分解为趋势、周期性和随机性三个部分的求和方式。具体来说,加法模型的公式可表示为:

$$Y_t = T_t + C_t + \varepsilon_t \tag{3-9}$$

式中,Y_t是时间序列数据,T_t是趋势成分,C_t是周期性成分,ε_t是随机性成分。

乘法模型是将时间序列数据分解为趋势、周期性和随机性三个部分的比例方式。具体来说,乘法模型的公式可表示为:

$$Y_t = T_t \times C_t \times \varepsilon_t \tag{3-10}$$

加法模型和乘法模型提供了不同的分解方式,适用于不同类型的时间序列数据。对于加法模型,各成分是相对独立的;而对于乘法模型,各成分是相对成比例的。

(2)时间序列预测

时间序列预测是对时间序列数据的趋势、周期性进行分析并建立数学模型,通过这些模型的拟合和预测,来描述时间序列中的趋势变化及规律,进而进行未来变化的预测。其数据形式是以时间为自变量,对应一个或多个变量的依赖值的序列。这表明时间序列预测的输入数据是不同时间点上的数据点,而非独立的数据集。时间序列数据可以是连续的,例如气温变化等持续测量值,也可以是离散的,通常用于描述数量或计数,如每日销售数量。

时间序列预测常用方法如表3-4所示。

表3-4 时间序列预测常用方法

方法	含义
朴素法(naive method)	将最后一个数据点的值作为未来的预测值,适用于没有明显趋势或季节性的简单情况
简单平均法	将历史时期内所有数据值的平均值作为未来的预测值,适用于数据波动较小的时间序列
移动平均法	通过计算历史值的平均值,平滑时序数据,适用于数据具有明显趋势或季节性的情况
指数平滑法	赋予每个观察一个权值,基于加权平均值进行预测,适用于非周期性数据的平滑和预测
霍尔特线性趋势法	通过线性回归分析进行预测,适用于包含线性趋势的时间序列数据
布朗双重指数平滑法	了解趋势的时间序列预测方法,可以预测数据的未来趋势
季节性指数平滑法	支持季节性数据的预测,适用于时间序列中具有明显季节性趋势的情况
ARIMA模型	处理时间序列数据中的自回归和移动平均过程,具有自适应性
季节性ARIMA模型	在ARIMA模型基础上加入季节性模型,更好地处理季节性时间序列数据
X-11季节性调整方法	基于传统时间序列模型和成分分解,对季节性时间序列进行趋势、循环和季节性分解,以便更好地进行预测

这些方法在实际应用中的选择取决于时间序列数据的性质、趋势、季节性、周期性等因素。通常,可以尝试多种方法并比较它们在训练数据上的性能,以选择最合适的预测模型。

3.3.2　傅里叶变换

傅里叶变换是一种常用的数学方法,将一个周期信号分解为一系列正弦和余弦函数的组合。它将一个时间序列分解成各种频率成分,从而帮助识别周期性成分和频率。通过傅里叶变换,我们可以将时域的数据转换成频域的频谱图,显示各个频率成分的强度。这可以揭示其中包含的不同频率的周期性成分,帮助我们更好地理解和预测时间相关数据的趋势、季节性、周期性和偏移等特征。这种综合分析方法为数据分析提供了有力工具。

具体来说,傅里叶变换包括对信号的变换和逆变换两个方向,它将一个函数(或信号)从时间域转换到频率域,而逆傅里叶变换则是将频域的表示转换回时域。对于一个函数$f(t)$,其傅里叶变换定义如下:

$$F(\omega)=\int_{-\infty}^{\infty} f(t)\cdot \mathrm{e}^{-\mathrm{i}\omega t}\mathrm{d}t \tag{3-11}$$

式中,$F(\omega)$表示频率域中的复数函数,ω是角频率(以弧度为单位),i是虚数单位。

逆傅里叶变换为:

$$f(t)=\frac{1}{2\pi}\int_{-\infty}^{\infty} F(\omega)\cdot \mathrm{e}^{\mathrm{i}\omega t}\mathrm{d}\omega \tag{3-12}$$

傅里叶变换使得我们能够更清晰地理解信号的频率特性,从而进行滤波、压缩、调制等操作。在通信、音频处理、图像处理等领域,傅里叶变换为我们分析和处理信号提供了有力的工具,有助于解决各种工程和科学问题。

需要特别关注的是,时间序列分析与傅里叶变换并不是互斥的,它们可以互相补充。时间序列分析更专注于探索和建模时间序列数据内在的趋势和季节性模式,而傅里叶变换用于分解信号,识别频率成分和周期性。而在时间序列分析中,傅里叶变换通常可以用来揭示数据中的周期性成分,以验证模型中的季节性。傅里叶变换的结果可以作为时间序列分析的输入,有助于理解数据的周期性特征。

3.3.3　周期性分析案例

【案例3-3】

现需对2023年5月4日至6月21日的某地区货物运单数据进行分析。数据集为案例的每日日期,以及每天的货物运单量。该示例演示了如何使用Python和傅里叶变换等工具来执行周期性分析,这种分析可用于识别数据中的潜在周期性模式,有助于预测未来的货物运单量趋势,或者找出特定周期内的高峰和低谷,以进行更好的规划和决策。

```
# 导入相关文件包
import pandas as pd
import numpy as np
import matplotlib.pyplot as plt
import matplotlib.font_manager as fm
# 定义宋体字体路径
font_path = 'C:/Windows/Fonts/simsun.ttc'        # Windows 系统上的宋体字体路径
# 设置字体属性
zh_font = fm.FontProperties(fname = font_path)
# 读取数据
file_path = r'D:\周期性示例 .xlsx'
data = pd.read_excel(file_path, parse_dates = ['Date'], index_col = 'Date')
# 绘制时间序列数据
plt.figure(figsize = (12, 6))
data['waybill'].plot()
plt.xlabel('时间/天', fontproperties = zh_font, fontsize = 18)         # x 轴
plt.ylabel('运单量/单', fontproperties = zh_font, fontsize = 18)        # y 轴
plt.grid(True)
plt.show()
```

绘制出每日运单量图，如图3-4所示。

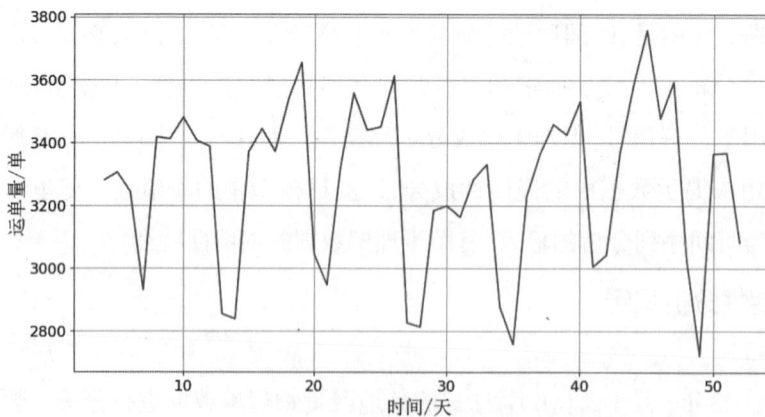

图3-4　每日运单量示例

接下来，运用傅里叶变换分析数据的周期性。

```
# 使用傅里叶变换分析周期性
from scipy.fft import fft          # 从 SciPy 库中导入傅里叶变换函数
y = data['waybill'].values         # 从 data 中提取 waybill 作为 y 进行分析
N = len(y)        # 时间序列数据的长度, 即数据中的数据点数量
T = 1.0                            # 采样周期为 1 天
xf = np.fft.fftfreq(N, T)[:N // 2]    # 频率
yf = np.abs(fft(y))                # 振幅值
periods = 1 / xf                   # 计算频率对应的周期
# 删除周期数组中的第一个元素(频率为 0), 通常不包含在分析中
periods = periods[1:N // 2]
```

通过上述步骤, 我们得到了振幅值(yf)和对应的周期(periods)数组, 这有助于我们分析时间序列数据中不同频率的周期性成分, 以找出数据中的主要周期性特征。

```
# 找到主要周期
main_period = periods[np.argmax(yf[1:N // 2])]
print("主要周期为:", main_period)
# 打印主要周期的频率
main_frequency = xf[np.argmax(yf[1:N // 2])]
print("主要周期对应的频率:", main_frequency)
```

得到结果如下。

```
主要周期为: 7.0
主要周期对应的频率: 0.12244897959183673
```

由上述结果可知, 主要周期为 7 天。其意义为在数据中存在每 7 天重复一次的明显周期性变化。

```
# 绘制傅里叶分析结果
plt.figure(figsize = (12, 6))
plt.plot(periods, yf[1:N // 2])
plt.xlabel('时间/天', fontproperties = zh_font, fontsize = 18)    # x 轴
plt.ylabel('振幅值', fontproperties = zh_font, fontsize = 18)     # y 轴
plt.grid(True)
plt.show()
```

绘制傅里叶变换——周期性分析图, 如图 3-5 所示。

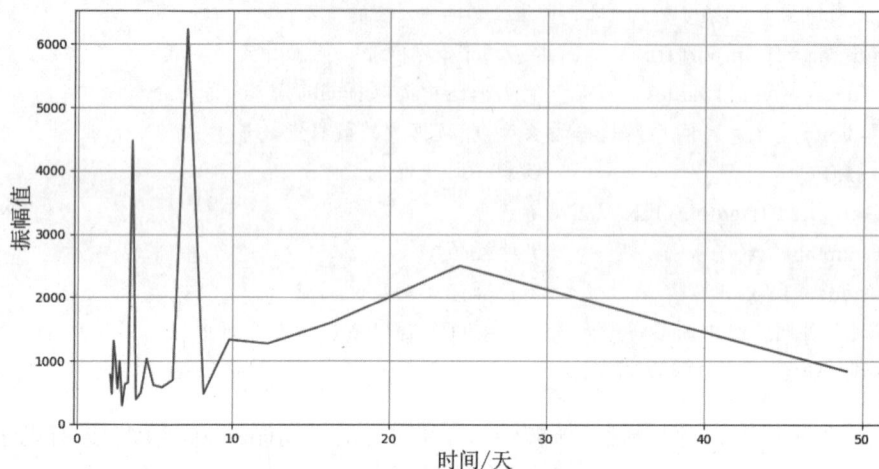

图3-5　傅里叶变换——周期性分析示例

通过观察傅里叶变换——周期性分析图，我们可以看到一个或多个峰值，这些峰值对应于可能的周期性成分。主要周期对应于最高的峰值，而其他峰值表示其他可能存在的周期性成分。根据主要周期的值，可以更好地理解时间序列数据的周期性变化，有助于做出相关决策和预测。

对数据进行时间序列分解，获取趋势、季节性和残差图。

```
import statsmodels.api as sm
# 进行时间序列分解
# 设置季节性周期为7天
seasonal_period = 7
result = sm.tsa.seasonal_decompose(data['waybill'], period = seasonal_period)
# 获取趋势、季节性和残差
trend = result.trend
seasonal = result.seasonal
residual = result.resid
# 定义绘图函数
def plot_series(series, title, subplot_index):
    plt.subplot(3, 1, subplot_index)
    series.plot()
    plt.title(title, fontproperties = zh_font, fontsize = 18)
    plt.xlabel('时间/天', fontproperties = zh_font, fontsize = 16)
    plt.ylabel('运单量/单', fontproperties = zh_font, fontsize = 16)
    plt.xticks(fontsize = 14)
```

```
    plt.yticks(fontsize = 14)
# 绘制时间序列数据
plt.figure(figsize = (12, 8))
# 绘制趋势、季节性和残差
plot_series(trend, '趋势', 1)
plot_series(seasonal, '季节性', 2)
plot_series(residual, '残差', 3)
plt.tight_layout()
plt.show()
```

结果如图3-6所示。

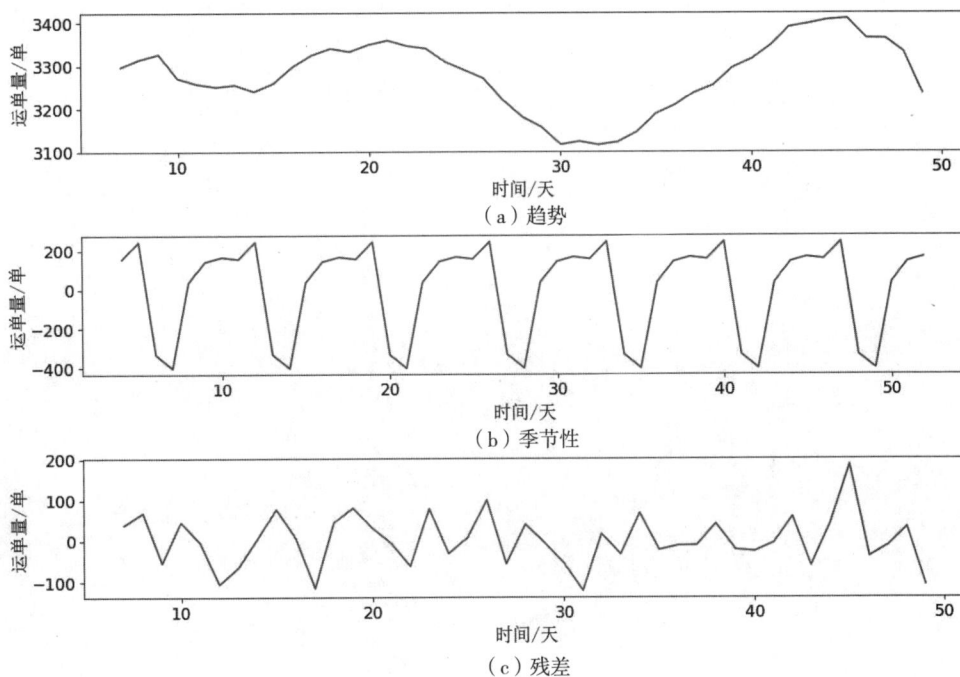

图3-6　趋势、季节性、残差示例

通过上述分析可得：

①趋势图是周期性分析中的重要工具，能够提供对数据长期模式的洞察，有助于我们更深入地理解时间序列数据。该地区货物运单量总体趋势平稳，在3100～3400存在一定的波动，月初运单量相对较少，月末运单量逐渐增多。

②周期图展示了明显的周期趋势，货物运输每周保持着一个循环周期，周末运单

量处于低谷,工作日运单量基本持平,周末两天相比工作日日运单量少约600单。

③残差图用于展示模型对时间序列的拟合效果,可以看出货物运输波动是存在的,大约在±100单浮动,基本符合实际情况,这进一步印证了模型的正确性,表明货物运输存在明显的趋势和周期性变化规律。

本章课件和
案例代码

第4章
数据相关性和回归分析

相关分析是对有关变量间关系类型和密切程度进行统计分析。经过相关分析，可以界定与研究对象关系密切的变量为决定因素、主要因素，关系不太密切的变量为偶然因素。在此基础上，可以进一步运用回归分析法，深入研究变量之间的数量关系规律，以满足预测与决策的需要。

4.1　数据相关性分析理论

相关分析研究内容包括：

第一，依据理论经验和相关图表判断变量间有无相关关系，以进行初步定性认识。如果相关图表显示变量的变动存在规律性的联系，且有理论知识和实践经验的支持，就可以认为变量间具有相关关系。

第二，如果变量相关，观察相关图，以确定相关关系的类型。

第三，计算相关系数，从定量上研究相关关系的密切程度。

4.1.1　相关关系的种类

从相关性的不同角度出发，相关关系又可分为多种。

（1）完全相关、不完全相关、不相关

相关关系按照密切程度可分为完全相关、不完全相关、不相关。如果一个变量的数值完全由另一个（或一组）变量决定，不受其他因素的影响，则它们之间的关系称为完全相关。完全相关的关系即为函数关系。如果一个变量的数值不完全由另一个（或一组）变量决定，还受到其他因素的影响，则它们之间的关系称为不完全相关。在不完全相关的分类中，根据关系的紧密程度，可以从弱到强进一步细分为微弱相关、低度相关、显著相关和高度相关。如果一个变量的数值与另一个（或一组）变量无关，那么它们之间就是不相关。

（2）正相关和负相关

相关关系按照相关方向可分为正相关和负相关。若两个有关变量在变化方向上大致相同，即一变量值递增或递减，而另一变量值随之递增或递减，其相关关系就叫作正相关。反之，则为负相关。

（3）线性相关和非线性相关

相关关系按照表现形态可分为线性相关和非线性相关。当相关点主要分布在一条直线上时，这意味着变量之间存在线性关系，也称直线关系。如果相关点的分布基本在一条曲线周围，则说明变量间存在非线性关系，也叫曲线关系。曲线相关的类型包括抛物线、指数曲线、对数曲线、双曲线等。

相关关系的种类如图4-1所示。

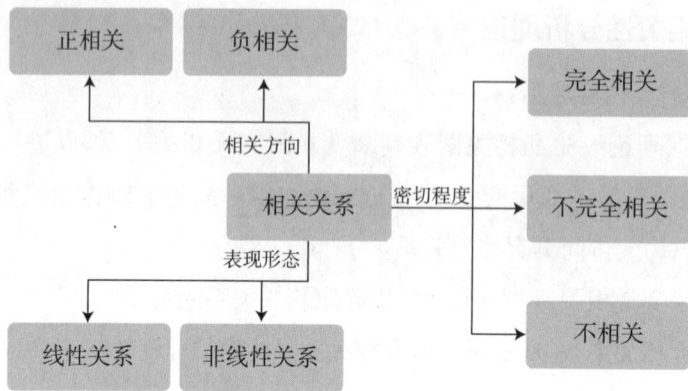

图4-1 相关关系的种类

4.1.2 相关图

相关分析的重要内容是绘制相关图表,它是定性、直观地认识变量之间有无相关关系,以及相关关系类型的重要手段和方法。

相关图又称散点图。把两个变量对应的数值看作直角坐标系中的坐标点,并绘出这些点,对应的图形就称为相关图,其中的每个点又称为相关点。通过相关点的分布状态和分布走势可判定变量之间是否相关,以及相关的密切程度、方向和类型。

如果相关点的分布较为密集,说明随着一个变量的变化,另一个变量波动的幅度较小,即偶然因素影响程度较小,则两个变量相关关系较为密切;反之,若相关点的分布较为分散,则两个变量相关关系就不太密切。图4-2是正线性相关、负线性相关、非线性相关、不相关的示意图。

相关图只能初步反映变量之间有无相关关系和相关类型,不能准确反映其密切程度,要从数量上反映变量之间的密切程度需要计算相关系数。

4.1.3 相关系数

相关系数也叫作关联系数(correlation coefficient)。相关系数常见的方法有皮尔逊(Pearson)相关系数、斯皮尔曼(Spearman)等级相关系数和肯德尔相关系数,其中皮尔逊相关系数是统计学家卡尔·皮尔逊提出的一种统计方法,在我国广泛应用。相关性系数是一种统计指标,用来测量两个变数间的线性相关性及方向。其一般计算公式如下:

$$r = \frac{\sigma_{xy}^2}{\sigma_x \sigma_y} \tag{4-1}$$

式中,r为相关系数,σ_{xy}^2为变量x、y的协方差,σ_x为变量x的标准差,σ_y为变量y的标准

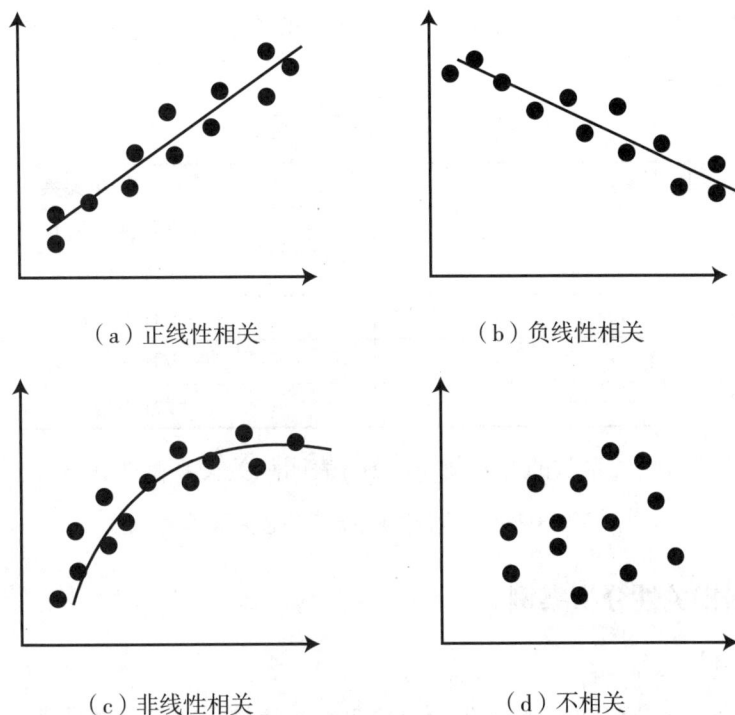

（a）正线性相关　　　　　　　　（b）负线性相关

（c）非线性相关　　　　　　　　（d）不相关

图4-2　各种相关关系示意

差。σ_{xy}^2、σ_x、σ_y的具体计算如下：

$$\sigma_{xy}^2 = \frac{\sum(x-\bar{x})(y-\bar{y})}{n} \tag{4-2}$$

$$\sigma_x = \sqrt{\frac{\sum(x-\bar{x})^2}{n}} \tag{4-3}$$

$$\sigma_x = \sqrt{\frac{\sum(y-\bar{y})^2}{n}} \tag{4-4}$$

式中，n为变量值的个数。将σ_{xy}^2、σ_x、σ_y的具体表达式代入相关系数公式，可得相关系数的计算公式：

$$r = \frac{\sum(x-\bar{x})(y-\bar{y})}{\sqrt{\sum(x-\bar{x})^2}\sqrt{\sum(y-\bar{y})^2}} \tag{4-5}$$

式中，$\bar{x}$，$\bar{y}$分别是样本变量x，y的平均值。

相关系数是一个介于−1和1之间的数，即−1$\leqslant$$r$$\leqslant$1。如果$r=1$，则表示两个变量之间的关系是完全线性正相关；如果$r=-1$，则表示这两个变量之间的关系是完全线性负相关;如果 $r=0$,则表示这两个变量间的关系不是线性的,而可能为其他关系。具体总结见表4-1。

表4-1 相关系数值与变量的关系

相关系数取值	两变量存在关系
$r=1$	完全线性正相关
$r=-1$	完全线性负相关
$0<r<1$	一定程度正相关
$-1<r<0$	一定程度负相关
$r=0$	线性不相关

一般情况下,相关系数的绝对值 $|r|<0.3$ 表明相关关系微弱;$0.3<|r|\leqslant0.5$ 表明存在低度相关;$0.5<|r|\leqslant0.8$ 表明显著相关;$|r|>0.8$ 为高度相关。

4.2 数据相关性分析案例

【案例4-1】

宁波市2012—2022年的地区生产总值与港域货物吞吐量数据见表4-2。试分析宁波市这两个指标的相关性。

表4-2 宁波市2012—2022年的地区生产总值与港域货物吞吐量

年份	地区生产总值/亿元	港域货物吞吐量/万吨
2012	6862	45303
2013	7432	49592
2014	7904	52646
2015	8295	51005
2016	8972	49619
2017	10146	55151
2018	11193	57652
2019	12035	58413
2020	12599	60098
2021	14594	62340
2022	15704	63721

解:首先绘制相关图,见图4-3。由图可知,地区生产总值与港域货物吞吐量呈线性正相关。

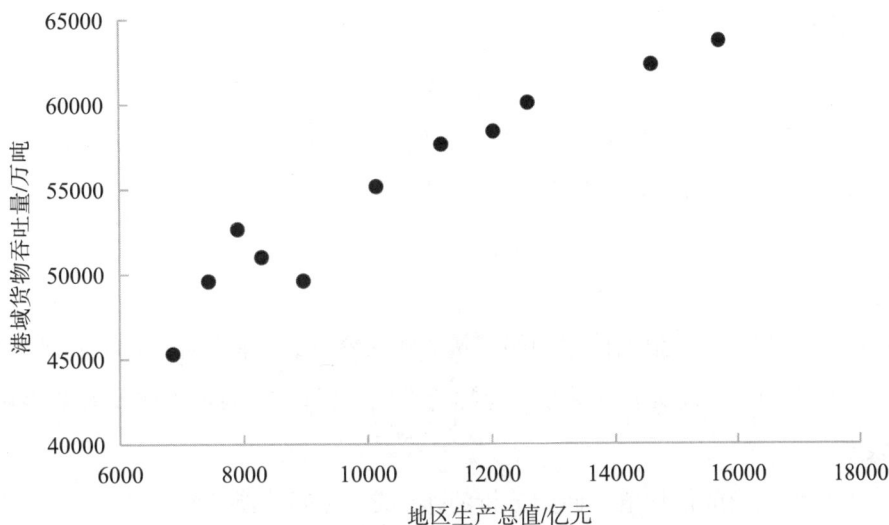

图4-3　地区生产总值与港域货物吞吐量的相关关系示例

列表计算相关系数。具体计算结果见表4-3。

表4-3　地区生产总值与港域货物吞吐量相关系数计算示例

年份	x	y	$x-\bar{x}$	$y-\bar{y}$	$(x-\bar{x})(y-\bar{y})$	$(x-\bar{x})^2$	$(y-\bar{y})^2$
2012	6862	45303	−3659	−9746	35665377	13391608	94986288
2013	7432	49592	−3089	−5457	16859434	9544729	29779841
2014	7904	52646	−2617	−2403	6289981	6851068	5774846
2015	8295	51005	−2226	−4044	9003985	4957100	16354671
2016	8972	49619	−1549	−5430	8413679	2400809	29485887
2017	10146	55151	−375	102	−38262	140966	10385
2018	11193	57652	672	2603	1747972	450973	6775136
2019	12035	58413	1514	3364	5091429	2290820	11315884
2020	12599	60098	2078	5049	10489338	4316195	25491483
2021	14594	62340	4073	7291	29692559	16585626	53157355
2022	15704	63721	5183	8672	44942563	26858777	75202007
合计	115736	605540	0	0	168158055	87788673	348333785

$$r=\frac{\sum(x-\bar{x})(y-\bar{y})}{\sqrt{\sum(x-\bar{x})^2}\sqrt{\sum(y-\bar{y})^2}}=\frac{168158055}{\sqrt{87788673}\times\sqrt{348333785}}=0.96$$

宁波市地区生产总值与港域货物吞吐量的相关系数为0.96,属于高度线性正相关。

4.3 数据回归分析理论

回归分析是研究自变量之间的相关关系,处理自变量(解释变量)$x_1, x_2, x_3, \cdots, x_p$ 与因变量(被解释变量)y 之间的关系的一种统计方法和技术。引入随机误差项 ε(ε 是随机变量),建立回归模型的一般形式:

$$y = f(x_1, x_2, x_3, \cdots, x_p) + \varepsilon \tag{4-6}$$

进行回归分析主要分三个步骤:

①建立回归方程。根据搜集到的变量的相关资料,选择适当的数学模型。如果变量之间的散点图表现为直线关系则应配合直线方程;如果表现为曲线关系,则应配合曲线方程。

②推算因变量的估计值。回归分析的作用之一在于依据建立的回归方程,把给定的自变量值代入回归方程,求出相应的因变量的估计值或平均值或一般值。

③计算估计标准误差。在回归分析中,因变量的估计值与其实际值之间不可避免地存在着误差。计算估计标准误差,以评价估计值的准确性。

回归分析的种类按照自变量的个数不同,分为一元回归和多元回归。这里主要介绍这两种回归类型。

4.3.1 一元线性回归分析

(1)一元线性方程估计

从回归模型的一般形式,即式(4-6)出发,简单的一元线性回归模型可表示为:

$$y = \beta_0 + \beta_1 x + \varepsilon \tag{4-7}$$

在一元线性回归模型中,因变量 y 的取值由两个部分组成:一部分是 $\beta_0 + \beta_1 x$,反映了自变量 x 引起的线性变化;另一部分为剩余变动 ε,反映了不能为自变量 x 和因变量 y 之间的线性关系所解释的其他剩余的变异。

回归系数(regression coefficient)是回归模型中描述由自变量 x 的变动引起的线性变化的参数。回归系数是回归模型中未知的参数,需要通过样本数据来取得它的统计估计值。

假定 ε 为不可观测的随机变量,这时有 $\varepsilon \sim N(0, \sigma^2)$。根据样本推断出回归方程中的 β_0 和 β 的估计量 $\hat{\beta}_0$ 和 $\hat{\beta}_1$,此时就得到了由样本推断出来的估计的回归方程。

估计的回归方程(estimated regression equation)是根据样本数据的估计量形成的回归方程。

$$\hat{y} = \hat{\beta}_0 + \hat{\beta}_1 x \tag{4-8}$$

当估计的一元线性回归方程式(4-8)中的自变量 x 给定某一具体数值 x_0 时,因变量 $\hat{y}$ 的对应取值 y_0 也就随之确定了下来,即有 $\hat{y}_0 = \hat{\beta}_0 + \hat{\beta}_1 x_0$。

最小二乘估计(least squares estimate,LSE),是指估计量 $\hat{\beta}_i$ 使因变量的观察值 y_i 与其估计值 $\hat{y}_i$ 的离差平方和最小的方法。对于拟合的回归方程,最理想的回归直线应满足的条件是:因变量的观测值 y_i 与它对应的回归值 $\hat{y}_i$ 的离差平方和最小,即

$$\min \sum_{i=1}^{n} (y_i - \hat{y}_i)^2 = \min \sum_{i=1}^{n} (y_i - \hat{\beta}_0 - \hat{\beta}_1 x_i)^2 = \sum_{i=1}^{n} \varepsilon_i^2 = Q \tag{4-9}$$

其示意图如图4-4所示。

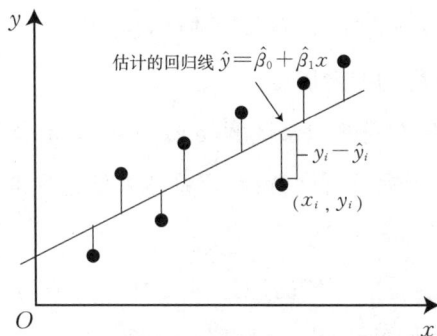

图4-4　最小二乘法

由微分极值原理可知,要使 Q 达到最小,充分必要条件是: Q 对 $\hat{\beta}_0$ 和 $\hat{\beta}_1$ 的一阶偏导数等于0,二阶偏导数大于0。依据必要条件,$\hat{\beta}_0$ 和 $\hat{\beta}_1$ 应满足下列方程组:

$$\begin{cases} \dfrac{\partial Q}{\partial \hat{\beta}_0} = -2 \sum_{i=1}^{n} (y_i - \hat{\beta}_0 - \hat{\beta}_1 x_i) = 0 \\ \dfrac{\partial Q}{\partial \hat{\beta}_1} = -2 \sum_{i=1}^{n} (y_i - \hat{\beta}_0 - \hat{\beta}_1 x_i) x_i = 0 \end{cases} \tag{4-10}$$

简单整理得:

$$\begin{cases} \hat{\beta}_1 = \dfrac{\sum_{i=1}^{n} (x_i - \bar{x})(y_i - \bar{y})}{\sum_{i=1}^{n} (x_i - \bar{x})^2} \\ \hat{\beta}_0 = \bar{y} - \hat{\beta}_1 \bar{x} \end{cases} \tag{4-11}$$

引入记号：

$$\begin{cases} L_{xx} = \sum_{i=1}^{n} (x_i - \bar{x})^2 \\ L_{xy} = \sum_{i=1}^{n} (x_i - \bar{x})(y_i - \bar{y}) \\ L_{yy} = \sum_{i=1}^{n} (y_i - \bar{y})^2 \end{cases} \tag{4-12}$$

则式(4-11)可简化为：

$$\begin{cases} \hat{\beta}_1 = \dfrac{L_{xy}}{L_{xx}} \\ \hat{\beta}_0 = \bar{y} - \hat{\beta}_1 \bar{x} \end{cases} \tag{4-13}$$

获得回归系数的LSE，就得到了回归方程的估计式(4-8)。

（2）一元线性回归方程的拟合优度

估计的一元线性回归方程的拟合优度（goodness of fit）指回归直线与各实际值的接近程度，主要依据两个指标进行度量：判定系数和估计标准误差。比较常用的是判定系数。

判定系数 R^2 也称决定系数。R^2 的理论含义为：它度量了在因变量取值的总偏差中能被自变量与因变量之间的线性关系解释的比例。

假设 $SST = \sum (y_i - \bar{y})^2$，它表达的是因变量 y 与其观察值的平均值之间的偏差的平方和，称为总偏差平方和。其中SST可分为两部分：一部分是由自变量 x 与因变量之间的线性关系造成的偏差，$SSR = \sum (\hat{y}_i - \bar{y})^2$，称SSR为回归平方和；另一部分是指除了自变量与因变量的线性关系影响之外的所有其他因素的变化造成的偏差，$SSE = \sum (y_i - \hat{y}_i)^2$，称SSE为残差平方和。具体表示为：

$$SST = SSR + SSE \tag{4-14}$$

回归方程的拟合程度取决于SSR占SST的比例，这一比例越大，说明回归方程的拟合程度越好。因此，R^2 的计算公式具体表现为：

$$R^2 = \frac{SSR}{SST} \tag{4-15}$$

R^2 的取值在0和1之间。R^2 越大，说明在因变量的总偏差中能够被自变量与因变量的线性关系解释的比例越大，回归方程的拟合程度越高。

4.3.2 多元线性回归分析

(1)多元线性回归方程的估计

描述因变量y与自变量x_1, x_2, x_3, $\cdots$, x_k之间有线性相关关系,那么它们之间的多元线性总体回归模型可以表示为:

$$y = \beta_0 + \beta_1 x_1 + \cdots + \beta_k x_k + \varepsilon \tag{4-16}$$

式中,多元线性回归模型有$k+1$项回归系数β_0, β_1, β_2, $\cdots$, β_k。

如果将n组实际观察数据$(y_i,\ x_{i1},\ x_{i2},\ \cdots,\ x_{ik})$, $i=1,2,\cdots,n$ 代入式(4-16)中可得到以下形式:

$$y_i = \beta_0 + \beta_1 x_{i1} + \cdots + \beta_k x_{ik} + \varepsilon \tag{4-17}$$

写成矩阵形式为:

$$Y = X\beta + \varepsilon \tag{4-18}$$

式中,$Y = \begin{bmatrix} y_1 \\ y_2 \\ \vdots \\ y_n \end{bmatrix}$; $X = \begin{bmatrix} 1 & x_{11} & x_{12} & \cdots & x_{1k} \\ 1 & x_{21} & x_{22} & \cdots & x_{2k} \\ \vdots & \vdots & \vdots & \ddots & \vdots \\ 1 & x_{n1} & x_{n2} & \cdots & x_{nk} \end{bmatrix}$; $\beta = \begin{bmatrix} \beta_0 \\ \beta_1 \\ \vdots \\ \beta_k \end{bmatrix}$; $\varepsilon = \begin{bmatrix} \varepsilon_1 \\ \varepsilon_2 \\ \vdots \\ \varepsilon_n \end{bmatrix}$

根据回归模型的假定有:

$$\hat{y} = \beta_0 + \beta_1 x_1 + \cdots + \beta_k x_k \tag{4-19}$$

式(4-19)称为多元线性回归方程,它描述了因变量y的期望值与自变量x_1, x_2, x_3, $\cdots$, x_k之间的关系。

多元线性回归方程位置参数的估计与一元线性回归方程的参数估计原理相似。若有关回归系数β的估计量$\hat{\beta}$已得,则有

$$\hat{Y} = \hat{X}\beta \tag{4-20}$$

根据最小二乘法估计的基本定义,令估计值$\hat{y}$与观测值y在所有点上的残差$\varepsilon_i = y_i - \hat{y}_i$的平方和$Q$最小,即

$$\min \sum_{i=1}^{n} \varepsilon_i^2 = \varepsilon^T \varepsilon = \left(Y - X\hat{\beta} \right)^T \left(Y - X\hat{\beta} \right) = Q \tag{4-21}$$

由式(4-21),有

$$\begin{aligned} Q &= \left(Y - X\hat{\beta} \right)^T \left(Y - X\hat{\beta} \right) \\ &= Y^T Y - \hat{\beta}^T X^T Y - Y^T X\hat{\beta} + \hat{\beta}^T X^T X\hat{\beta} \end{aligned} \tag{4-22}$$

对式(4-22)的$\hat{\beta}$求偏导,并令其为0,则有

$$\frac{\partial Q}{\partial \hat{\beta}} = -2X^{\mathrm{T}}Y + 2X^{\mathrm{T}}X\hat{\beta} = 0 \tag{4-23}$$

解得：

$$\hat{\beta} = (X^{\mathrm{T}}X)^{-1}(X^{\mathrm{T}}Y) \tag{4-24}$$

式(4-24)即为求解估计量矩阵 $\hat{\beta}$ 的正规方程。

（2）多元线性回归方程的拟合优度

与一元回归类似，多元线性回归方程的拟合优度也常用判定系数来度量。但是，由于 R^2 与模型中的解释变量的个数有关，即如果观测值 Y 不变，判定系数 R^2 将随解释变量数目增大而增大，因而需要对 R^2 进行调整，称之为多重判定系数。调整的判定系数为：

$$\tilde{R}^2 = 1 - (1 - R^2)\left(\frac{n-1}{n-k-1}\right) \tag{4-25}$$

其中，k 为自变量个数。

4.4　数据回归分析案例

【案例4-2】

以案例4-1中宁波市2012—2022年的地区生产总值与港域货物吞吐量数据为例，要求建立地区生产总值 x 与港域货物吞吐量 y 两变量的一元线性回归方程。

解：设 x 与 y 的回归方程为 $\hat{y} = \hat{\beta}_0 + \hat{\beta}_1 x$，可利用Excel公式编辑计算，根据式(4-13)得：

$$\hat{\beta}_1 = \frac{L_{xy}}{L_{xx}} = \frac{168158055}{87788673} = 1.92$$

$$\hat{\beta}_0 = \bar{y} - \hat{\beta}_1 \bar{x} = 55049 - 1.92 \times 10521 = 34895$$

则 $\hat{y} = 34895 + 1.92x$ 为所求的回归方程。

回归系数 $\hat{\beta}_1 = 1.92$，表明地区生产总值每增加1亿元，港域货物吞吐量将平均增加1.92万吨。

据式(4-15)可知判定系数为：

$$R^2 = \frac{\mathrm{SSR}}{\mathrm{SST}} = \frac{322104554}{348333785} = 0.925$$

$0 \leqslant R^2 \leqslant 1$，判定系数越大，说明回归方程的拟合程度越好。该案例中判定系数为0.925，呈现出较好的拟合程度。

Python代码如下所示：

```
from sklearn.linear_model import LinearRegression
import numpy as np
# 提供的数据
years = np.array([2012, 2013, 2014, 2015, 2016, 2017, 2018, 2019, 2020, 2021, 2022])
production_values = np. array([6862, 7432, 7904, 8295, 8972, 10146, 11193, 12035,
12599, 14594, 15704])
throughput_values = np. array([45303, 49592, 52646, 51005, 49619, 55151, 57652,
58413, 60098, 62340, 63721])
# 将数据转换为二维数组形式
x = production_values.reshape(-1, 1)
y = throughput_values
# 建立并训练线性回归模型
model = LinearRegression()
model.fit(x, y)
# 获取回归系数和判定系数
regression_coefficient = model.coef_[0]
determination_coefficient = model.score(x, y)
# 输出回归方程、回归系数和判定系数
print(f"回归方程:y = {regression_coefficient:.2f}x + {model.intercept_:.2f}")
print(f"判定系数:{determination_coefficient:.4f}")
```

Python代码运行结果如下:

```
回归方程:y = 1.92x + 34895.38
判定系数:0.9247
```

【案例4-3】

已知宁波市地区生产总值与进出口总额、港域货物吞吐量这两个指标相关。以宁波市2012—2021年的数据为例(见表4-4),要求建立地区生产总值与进出口总额、港域货物吞吐量的线性回归方程。

表4-4　宁波市2012—2021年地区生产总值、进出口总额、港域货物吞吐量统计

年份	地区生产总值/亿元	进出口总额/亿美元	港域货物吞吐量/万吨
2012	6862	966	45303
2013	7432	1003	49592
2014	7904	1047	52646
2015	8295	1005	51005

续表

年份	地区生产总值/亿元	进出口总额/亿美元	港域货物吞吐量/万吨
2016	8972	949	49619
2017	10146	1122	55151
2018	11193	1301	57652
2019	12035	1331	58413
2020	12599	1413	60098
2021	14594	1845	62340
合计	100032	11982	541819

解：设地区生产总值为y，进出口总额为x_1，港域货物吞吐量为x_2，则二元线性回归方程据式(4-19)可得：

$$\hat{y} = \beta_0 + \beta_1 x_1 + \beta_2 x_2$$

关于待定参数$\beta_0, \beta_1, \beta_2$的方程组为：

$$\begin{cases} \sum y = n\beta_0 + \beta_1 \sum x_1 + \beta_2 \sum x_2 \\ \sum x_1 y = \beta_0 \sum x_1 + \beta_1 \sum x_1^2 + \beta_2 \sum x_1 x_2 \\ \sum x_2 y = \beta_0 \sum x_2 + \beta_1 \sum x_2 x_1 + \beta_2 \sum x_2^2 \end{cases}$$

计算出方程组需要的有关数据(见表4-5)，并把数据代入方程组。

表4-5　方程组相关数据示例

年份	$x_1 y$	$x_2 y$	$x_1 x_2$	x_1^2	x_2^2
2012	6628692	310869186	43762698	933156	2052361809
2013	7454296	368567744	49740776	1006009	2459366464
2014	8275488	416113984	55120362	1096209	2771601316
2015	8336475	423086475	51260025	1010025	2601510025
2016	8514428	445181668	47088431	900601	2462045161
2017	11383812	559562046	61879422	1258884	3041632801
2018	14562093	645298836	75005252	1692601	3323753104
2019	16018585	703000455	77747703	1771561	3412078569
2020	17802387	757174702	84918474	1996569	3611769604
2021	26925930	909789960	115017300	3404025	3886275600
合计	125902186	5538645056	661540443	15069640	29622394453

根据表4-5可得：

$$\begin{cases} 100032 = 10\beta_0 + 11982\beta_1 + 541819\beta_2 \\ 125902186 = 11982\beta_0 + 15069640\beta_1 + 661540443\beta_2 \\ 5538645056 = 541819\beta_0 + 661540443\beta_1 + 29622394453\beta_2 \end{cases}$$

解该方程组,得参数$\beta_0 = -9219.69$,$\beta_1 = 3.79$,$\beta_2 = 0.27$。则二元线性回归方程如下:

$$\hat{y} = -9219.69 + 3.79x_1 + 0.27x_2$$

上述二元线性回归方程说明:如果港域货物吞吐量固定,进出口总额每增加1亿美元,则地区生产总值将平均增加3.79亿元;如果进出口固定,港域货物吞吐量每增加1万吨,则地区生产总值将平均增加0.27亿元。

据式(4-25)得判定系数:

$$\tilde{R}^2 = 1 - (1 - R^2)\left(\frac{n-1}{n-k-1}\right) = 1 - (1 - 0.945) \times \left(\frac{10-1}{10-2-1}\right) = 0.930$$

$0 \leq R^2 \leq 1$,判定系数越大,说明回归方程的拟合程度越好。该案例中判定系数为0.930,呈现出较好的拟合程度。

Python代码如下:

```
from sklearn.linear_model import LinearRegression
import numpy as np
# 提供的数据
years = np.array([2012, 2013, 2014, 2015, 2016, 2017, 2018, 2019, 2020, 2021])
production_values = np. array([6862, 7432, 7904, 8295, 8972, 10146, 11193, 12035,
12599, 14594])
trade_values = np.array([966, 1003, 1047, 1005, 949, 1122, 1301, 1331, 1413, 1845])
throughput_values = np. array([45303, 49592, 52646, 51005, 49619, 55151, 57652,
58413, 60098, 62340])
# 构建二维数组形式的特征矩阵
x = np.column_stack((trade_values, throughput_values))
y = production_values
# 建立并训练线性回归模型
model = LinearRegression()
model.fit(x, y)
# 获取回归系数和判定系数
regression_coefficients = model.coef_
intercept = model.intercept_
```

```
determination_coefficient = model.score(x, y)
# 计算样本数量
n = len(y)
# 自变量的数量(特征数量)
k = x.shape[1]
# 计算调整后的判定系数
adjusted_determination_coefficient = 1-((1-determination_coefficient)*(n-1)/(n-k-1))
# 输出回归方程、回归系数和判定系数
print(f"回归方程:y = {regression_coefficients[0]:.2f}x1 + {regression_coefficients[1]:.2f}x2 + {intercept:.2f}")
print(f"判定系数:{determination_coefficient:.4f}")
print(f"调整后的判定系数:{adjusted_determination_coefficient:.4f}")
```

Python 代码运行结果如下:

回归方程:$y = 3.79x_1 + 0.27x_2 - 9219.69$
判定系数:0.9457
调整后的判定系数:0.9301

本章课件和
案例代码

第5章
运输规划问题分析

运输问题是从物资运输工作中引申出来的，是物流优化管理的重要内容之一。运输问题的本质是一种线性规划，因此运输问题也可以用单纯形法来求解。但一般情况下，运输问题涉及的变量及约束条件较多，为解决计算量较大等问题，本章我们将基于运输问题和资源分配问题的处理，给出运输问题的具体应用实例。

5.1 运输问题

5.1.1 运输问题的数学模型

人们在从事生产活动时,不可避免地要进行物资调运工作。如某时期将生产地的煤、钢铁、粮食等各种物资,分别运到需要这些物资的地区,根据各地的生产量和需要量以及各地之间的运输费用,制定一个运输方案,使总的运输费用最小。这样的问题称为运输问题。运输问题可以用以下数学语言来描述。

设有 m 个产地(记作 A_1, A_2, A_3, $\cdots$, A_m),生产某种物资,其产量分别为 a_1, a_2, $\cdots$, a_m;有 n 个销地(记作 B_1, B_2, $\cdots$, B_n),其需要量分别为 b_1, b_2, $\cdots$, b_n;且产销平衡。从第 i 个产地到第 j 个销地的单位运价为 c_{ij},在满足各地需要的前提下,求总运输费用最小的调运方案。将这些数据汇总到产销平衡表和单位运价表中,如表5-1、表5-2所示。

表5-1 产销平衡示例

产地	销地				产量
	B_1	B_2	$\cdots$	B_n	
A_1					a_1
A_2					a_2
$\vdots$					$\vdots$
A_m					a_m
销量	b_1	b_2	$\cdots$	b_n	

表5-2 单位运价示例

产地	销地			
	B_1	B_2	$\cdots$	B_n
A_1	C_{11}	C_{12}	$\cdots$	C_{1n}
A_2	C_{21}	C_{22}	$\cdots$	C_{2n}
$\vdots$	$\vdots$	$\vdots$		$\vdots$
A_m	C_{m1}	C_{m2}	$\cdots$	C_{mn}

5.1.2 求解运输问题

(1)产销平衡问题

设 X_{ij} 表示从 A_i 到 B_j 的运量,在产销平衡条件下,求总运输费用最小的运输方案,数学模型标准为:

$$\min Z = \sum_{i=1}^{m} \sum_{j=1}^{n} C_{ij} X_{ij}$$

$$\text{s.t.} \begin{cases} \sum_{j=1}^{n} X_{ij} = a_i, & i = 1, 2, \cdots, m \\ \sum_{i=1}^{m} X_{ij} = b_j, & j = 1, 2, \cdots, n \\ X_{ij} \geqslant 0, & i = 1, 2, \cdots, m; j = 1, 2, \cdots, n \end{cases} \tag{5-1}$$

运输问题的数学模型包含 $m \times n$ 个变量，$m+n$ 个约束条件。如果用单纯形法求解，在每个约束条件上加一个人工变量，即便是简单的数学问题也会因为变量数到达 $m \times n + m + n$，计算起来非常繁杂。

运输问题数学模型的结构比较特殊，约束条件的系数矩阵具有如下形式：

$$\begin{array}{cccccccccccc} X_{11} & X_{12} & \cdots & X_{1n} & X_{21} & X_{22} & \cdots & X_{2n} & \cdots & X_{m1} & X_{m2} & \cdots & X_{mn} \\ \begin{vmatrix} 1 & 1 & \cdots & 1 & & & & & & & & & \\ & & & & 1 & 1 & \cdots & 1 & & & & & \\ & & & & & & & & \ddots & & & & \\ & & & & & & & & & 1 & 1 & \cdots & 1 \\ 1 & & & & 1 & & & & \cdots & 1 & & & \\ & 1 & & & & 1 & & & \cdots & & 1 & & \\ & & \ddots & & & & \ddots & & & & & \ddots & \\ & & & 1 & & & & 1 & \cdots & & & & 1 \end{vmatrix} \end{array} \tag{5-2}$$

该矩阵的第 ij 列元素，除第 i 和第 $m+j$ 个分量为 1 外，其余都为 0。

（2）产销不平衡问题

当总产量与总销量不相等时，称为不平衡运输问题。这类运输问题在实际工作、生活中常常碰到，它的求解方法是将不平衡问题化为平衡问题，再按平衡问题求解。

①若供大于求，即 $\sum_{i=1}^{m} a_i > \sum_{j=1}^{n} b_j$，总产量大于总销售量。数学模型为：

$$\min Z = \sum_{i=1}^{m} \sum_{j=1}^{n} C_{ij} X_{ij}$$

$$\text{s.t.} \begin{cases} \sum_{j=1}^{n} X_{ij} \leqslant a_i, & i = 1, 2, \cdots, m \\ \sum_{i=1}^{m} X_{ij} \leqslant b_j, & j = 1, 2, \cdots, n \\ X_{ij} \geqslant 0, & i = 1, 2, \cdots, m; j = 1, 2, \cdots, n \end{cases} \tag{5-3}$$

该类问题必有部分产地的产量不能全部运送完，必须就地库存，则可以增加一个虚的销地（仓库）B_{n+1}，库存量为 $x_{i,n+1}(i = 1, 2, \cdots, m)$，$b_{n+1}$ 作为一个虚设的销地 B_{n+1}

的销量,总的库存量为:

$$b_{n+1} = X_{1,n+1} + X_{2,n+1} + \cdots + X_{m,n+1}$$

$$= \sum_{i=1}^{m} X_{i,n+1} \tag{5-4}$$

$$= \sum_{i=1}^{m} a_i - \sum_{j=1}^{n} b_j$$

各产地 A_i 到 B_{n+1} 的运价为 0,即 $x_{i,n+1}=0(i=1,2,\cdots,m)$。则平衡问题的数学模型为:

$$\min Z = \sum_{i=1}^{m} \sum_{j=1}^{n} C_{ij} X_{ij}$$

$$\text{s.t.} \begin{cases} \sum_{j=1}^{n} X_{ij} \leqslant a_i, & i=1,2,\cdots,m \\ \sum_{i=1}^{m} X_{ij} \leqslant b_j, & j=1,2,\cdots,n+1 \\ X_{ij} \geqslant 0, & i=1,2,\cdots,m; j=1,2,\cdots,n+1 \end{cases} \tag{5-5}$$

具体求解时,只需在运价表右端增加一列 B_{n+1},单位运价为 0,其销售量为 b_{n+1} 即可。

②若供不应求,即 $\sum_{i=1}^{m} a_i < \sum_{j=1}^{n} b_j$,数学模型为:

$$\min Z = \sum_{i=1}^{m} \sum_{j=1}^{n} C_{ij} X_{ij}$$

$$\text{s.t.} \begin{cases} \sum_{j=1}^{n} X_{ij} = a_i, & i=1,2,\cdots,m \\ \sum_{i=1}^{m} X_{ij} \leqslant b_j, & j=1,2,\cdots,n \\ X_{ij} \geqslant 0, & i=1,2,\cdots,m; j=1,2,\cdots,n \end{cases} \tag{5-6}$$

由于总销量大于总产量,故一定有些需求地不完全满足,这时虚设一个产地 A_{m+1},产量为:

$$a_{m+1} = X_{m+1,1} + X_{m+1,2} + \cdots + X_{m+1,n}$$

$$= \sum_{j=1}^{n} X_{m+1,j} \tag{5-7}$$

$$= \sum_{j=1}^{n} b_j - \sum_{i=1}^{m} a_i$$

$x_{m+1,j}$ 是 A_{m+1} 运到 B_j 的运量,也是 B_j 不能满足需要的数量。由于实际没有运输,不需要运费,因此 A_{m+1} 到 B_j 的运价为 0,即 $C_{m+1,j}=0(j=1,2,\cdots,n)$。

销大于产平衡问题的数学模型为:

$$\min Z = \sum_{i=1}^{m}\sum_{j=1}^{n} C_{ij} X_{ij}$$

$$\text{s.t.} \begin{cases} \sum_{j=1}^{n} X_{ij} = a_i, & i = 1, 2, \cdots, m+1 \\ \sum_{i=1}^{m} X_{ij} = b_j, & j = 1, 2, \cdots, n \\ X_{ij} \geqslant 0, & i = 1, 2, \cdots, m+1; j = 1, 2, \cdots, n \end{cases} \quad (5\text{-}8)$$

具体计算时,在运价表的下方增加一行 A_{m+1},运价为0,产量为 a_{m+1} 即可。

5.2 基于动态规划的资源分配问题

5.2.1 资源分配的数学模型

在现实生活中,有一类活动的过程,由于它的特殊性,可将其分为若干个互相联系的阶段。每一个阶段都需要做出决策,从而使整个过程达到最好的活动效果。各个阶段决策的选取不能任意确定,它既依赖于当前面临的状态,又影响以后的发展。各个阶段决策决定后,就组成了一个决策序列,因而也确定了整个过程的一条活动路线。把这种问题看作一个前后关联的具有链状结构的多阶段过程,这个过程称多阶段决策过程,这种问题称多阶段决策最优化问题。

在多阶段决策问题中,各个阶段采取的决策,一般来说是与时间相关的。决策既依赖于当前的状态,又随即引起状态的转移。一个决策序列就是在变化的状态中产生出来的,故有"动态"的含义。因此把处理多阶段决策问题的方法称为动态规划法。动态规划法不仅能够处理与时间相关的动态优化的问题,还可以处理与时间无关的静态规划(如线性规划、非线性规划)——只要人为引入时间因素,把它视为多阶段决策问题,就可以用动态规划法方便地求解。

动态规划法常常用于解决资源分配问题。资源分配问题,就是将数量一定的一种或若干种资源(例如原材料、资金、机器设备、劳动力、食品等),恰当地分配给若干个使用者,而使目标函数最优。

资源分配问题可以用以下数学语言来描述。

设有某种原料,总数量为 a,用于生产 n 种产品。若分配数量 x_i 用于生产第 i 种产品,其收益为 $g_i(x_i)$,问应如何分配,才能使生产 n 种产品的总收入最大。

5.2.2　求解资源分配问题

(1)动态规划求解的一般步骤

①正确划分阶段,确定阶段变量。将多阶段决策问题的实际过程,恰当地划分为若干个相互独立又相互联系的部分,每一个部分为一个阶段,划分出的每一个阶段通常就是需要做出一个决策的子问题。阶段通常是按决策进行的时间或空间的先后顺序划分的,阶段变量用k表示。

②确定状态,正确选择状态变量。在多阶段决策过程中,状态是描述研究问题过程的状况,表示每个阶段开始时所处的自然状况或客观条件。一个阶段有若干个状态,用一个或一组变量来描述,状态变量必须满足两个条件:一是能描述过程的演变;二是满足无后效性。

③正确选择决策变量和允许决策集合。决策的实质是对状态的选择,是决策者从给定阶段状态出发对下一阶段状态做出的选择,而在实际问题中,决策变量的取值往往限制在某一范围内,此范围称为允许决策集合。

④写出状态转移方程。状态转移方程的一般形式为$S_{k+1}=T_k(s_k,d_k)$,这里的函数关系T因问题的不同而不同,如果给定第k个阶段的状态变量s_k,则该阶段的决策变量d_k一经确定,第$k+1$阶段的状态变量s_{k+1}的值也就可以确定。

⑤列出指标函数。

在应用动态规划方法处理这类"静态规划问题"时,通常将把资源分配给一个或几个使用者的过程作为一个阶段,将问题中的变量x_i作为决策变量,将累计的量或随递推过程变化的量选为状态变量。

(2)动态规划求解资源分配问题

设状态变量S_k表示分配用于生产第k种产品至第n种产品的原料数量。

决策变量d_k表示分配给生产第k种产品的原料数,即$d_k=S_k$。

状态转移方程:$S_{k+1}=S_k-d_k=S_k-x_k$;

允许决策集合:$D_k(S_k)=\{d_k|0\leqslant d_k(x_k)\leqslant S_k\}$;

令最优值函数$f_k(S_k)$表示以数量为S_k的原料分配给第k种产品至第n种产品所得到的最大总收入。因而可写出动态规划的逆推关系式为:

$$\begin{cases} f_k(s_k) = \max_{0 \leqslant x_k \leqslant s_k} \left\{ g_k(x_k) + f_{k+1}(s_k - x_k) \right\}, & k = n-1, \cdots, 1 \\ f_n(s_n) = \max_{x_n = s_n} g_n(x_n) \end{cases} \tag{5-9}$$

利用这个逆推关系式进行逐段计算,最后求得 $f_1(a)$ 即为所求问题的最大总收入。

5.3 两个案例

5.3.1 运输问题

【案例 5-1】

具体参数见表5-3,求运输问题最优解。

表5-3 运输问题参数示例

产地	销地			产量
	B_1	B_2	B_3	
A_1	7	2	2	45
A_2	1	6	5	30
A_3	5	4	7	55
销量	20	40	60	

具体使用Python代码如下:

```
from pulp import *
import numpy as np
from itertools import product
production = 3                    #3个产地
sale = 4                         #3个销地+1个虚拟销地
demand = [20, 40, 60, 10]        #销量
capacity = [45, 30, 55]          #产量
cost = np.array([[7, 2, 2, 0], [1, 6, 5, 0], [5, 4, 7, 0]])
#建立模型
prob = LpProblem("Transportation", LpMinimize)
x = LpVariable. dicts("x", product(range(production), range(sale)), lowBound = 0,
upBound = None, cat = LpInteger)
prob += pulp.lpSum(cost[l, c] * x[l, c] for l in range(production) for c in range(sale))
#约束条件
for l in range(production):
    prob += lpSum(x[l, c] for c in range(sale)) == capacity[l]
for c in range(sale):
```

```
    prob += lpSum(x[l, c] for l in range(production)) == demand[c]
# 求解
prob.solve()
min_cost = value(prob.objective)
solution = []
for v in prob.variables():
solution.append(v.varValue)
solution = np.array(solution).reshape(3, 4)
print(solution)
print(min_cost)
```

运行代码结果为:

```
[[ 0. 0. 45. 0.]
 [20. 0. 10. 0.]
 [0. 40. 5. 10.]]
355
```

计算结果表明,第1个产地为第3个销地运输45个单位的货物,第2个产地为第1个销地运输20个单位的货物,第2个产地为第3个销地运输10个单位的货物,第3个产地为第2个销地运输40个单位的货物,第3个产地为第3个销地运输5个单位的货物,第3个产地为第4个销地运输10个单位的货物,运输成本为355。

5.3.2 资源分配问题

【案例5-2】

某种机器可在高、低两种不同的负荷下进行生产,设机器在高负荷下生产的产量函数为 $g=8x$,其中 x 为投入生产的机器数量,年完好率 $a=0.7$;在低负荷下生产的产量函数为 $h=5y$,其中 y 为投入生产的机器数量,年完好率为 $b=0.9$。假定开始生产时完好的机器数量 $s_1=1000$ 台,试问每年如何安排机器在高、低负荷下的生产,使得5年内生产的产品总产量最高。

构造这个问题的动态规划模型:

设阶段序数 k 表示年度。状态变量 s_k 为第 k 年度初拥有的完好机器数量,同时也是第 $k-1$ 年度末时的完好机器数量。决策变量 d_k 为第 k 年度中分配高负荷下生产的机器数量,于是 s_k-d_k 为该年度中分配在低负荷下生产的机器数量。

状态转移方程为:

$$s_{k+1} = ad_k + b(s_k - d_k) = 0.7d_k + 0.9(s_k - d_k), \quad k = 1, 2, \cdots, 5$$

第 k 阶段允许决策集合为：

$$D_k(s_k) = \{d_k | 0 \leqslant d_k \leqslant s_k\}$$

设 $v_k(s_k, d_k)$ 为第 k 年度的产量，则有：

$$v_k = 8d_k + 5(s_k - d_k)$$

故指标函数为：

$$V_{1.5} = \sum_{k=1}^{5} v_k(s_k, d_k)$$

令最优值函数 $f_k(s_k)$ 表示由资源量 s_k 出发，从第 k 年开始到第 5 年结束时，所生产产品的总产量最大。因而有递推关系式：

$$\begin{cases} f_6(s_6) = 0 \\ f_k(s_k) = \max_{d_k \in D_k(s_k)} \left\{ 8d_k + 5(s_k - d_k) + f_{k+1}\left[0.7d_k + 0.9(s_k - d_k)\right] \right\} \\ k = 1, 2, 3, 4, 5 \end{cases}$$

从第 5 年开始，向前逆推计算。

当 $k = 5$ 时，有：

$$\begin{aligned} f_5(s_5) &= \max_{0 \leqslant d_5 \leqslant s_5} \left\{ 8d_5 + 5(s_5 - d_5) + f_6\left[0.7d_5 + 0.9(s_6 - d_5)\right] \right\} \\ &= \max_{0 \leqslant d_5 \leqslant s_5} \left\{ 8d_5 + 5(s_5 - d_5) \right\} \\ &= \max_{0 \leqslant d_5 \leqslant s_5} \left\{ 3d_5 + 5s_5 \right\} \end{aligned}$$

因 f_5 是 d_5 的线性单调增函数，故得最大解 $d_5^* = s_5$，相应地有 $f_5(s_5) = 8s_5$。

当 $k = 4$ 时，有：

$$\begin{aligned} f_4(s_4) &= \max_{0 \leqslant d_4 \leqslant s_4} \left\{ 8d_4 + 5(s_4 - d_4) + f_5\left[0.7d_4 + 0.9(s_4 - d_4)\right] \right\} \\ &= \max_{0 \leqslant d_4 \leqslant s_4} \left\{ 8d_4 + 5(s_4 - d_4) + 8\left[0.7d_4 + 0.9(s_4 - d_4)\right] \right\} \\ &= \max_{0 \leqslant d_4 \leqslant s_4} \left\{ 1.4d_4 + 12.2s_4 \right\} \end{aligned}$$

故得最大解 $d_4^* = s_4$，相应地有 $f_4(s_4) = 13.6s_4$。依此类推，可求得：

$$\begin{cases} d_3^* = s_3, f_3(s_3) = 17.52s_3 \\ d_2^* = 0, f_2(s_2) = 20.768s_2 \\ d_1^* = 0, f_1(s_1) = 23.6912s_1 \end{cases}$$

因 $s_1 = 1000$，故 $f_1(s_1) = 23691$（台）。

计算结果表明：最优策略为前 2 年把年初全部完好的机器投入低负荷生产，后 3 年把年初全部完好的机器投入高负荷生产。这样所得产量最高，其最高产量为 23691 台。

下面讨论始端固定、终端自由的一般情形。

一个企业在高、低负荷下生产的产量函数分别为 $g = cu_1, h = du_2$，其中 $c > d > 0$。年回收率分别为 a 和 b，$0 < a < b < 1$。试求出 n 个年度内产量最大的最优策略的一般关系式。

显然，这时状态转移方程为 $s_{k+1} = au_k + b(s_k - u_k)$，$k = 1, 2, \cdots, n$。令 $f_k(s_k)$ 表示由状态 s_k 出发，从第 k 年至第 n 年末时所生产的产品的总产量最大值。可写出逆推关系式为：

$$\begin{cases} f_{n+1}(s_{n+1}) = 0 \\ f_k(s_k) = \max_{0 \leqslant u_k \leqslant s_k} \left\{ cu_k + d(s_k - u_k) + f_{k+1}\left[au_k + b(s_k - u_k) \right] \right\} \\ k = 1, 2, \cdots, n \end{cases} \tag{5-10}$$

从前面的数字计算可以看出，前几年一般是全部用于低负荷生产，后几年则全部用于高负荷生产，这样产量才最高。如果总共为 n 年，从低负荷转为高负荷生产的是第 t 年，$1 \leqslant t \leqslant n$，即从 1 至第 $t-1$ 年在低负荷下生产，第 t 至第 n 年在高负荷下生产。现在要分析 t 与系数 a、b、c、d 是什么关系。

从回收率看，$(b-a)$ 值越大，表示在高负荷下生产时，机车损坏情况比在低负荷时严重得多，因此 t 值应选大些。从产量看，$(c-d)$ 值越大，表示在高负荷下生产较有利，故 t 应选小些。下面我们从以上逆推关系式这一基本方程出发来求出 t 与 $(b-a)$、$(c-d)$ 的关系。

令 $l_k = u_k/s_k$，则在低负荷生产时有 $l_k = 0$，高负荷生产时有 $l_k = 1$。对第 n 段，有：

$$\begin{aligned} f_n(s_n) &= \max_{0 \leqslant u_n \leqslant s_n} \left\{ cu_n + d(s_n - u_n) \right\} \\ &= \max_{0 \leqslant u_n \leqslant s_n} \left\{ (c-d)u_n + ds_n \right\} \\ &= \max_{0 \leqslant l_n \leqslant 1} \left\{ (c-d)l_n + d \right\} s_n \end{aligned} \tag{5-11}$$

由于 $c > d$，因此 l_n 应选 1 才能使 $f_n(s_n)$ 最大。也就是说，最后一年应全部投入高负荷生产，故 $f_n(s_n) = cs_n$。

对第 $n-1$ 段,根据逆推关系式有:

$$
\begin{aligned}
f_{n-1}(s_{n-1}) &= \max_{0 \leqslant u_{n-1} \leqslant s_{n-1}} \left\{ cu_{n-1} + d(s_{n-1} - u_{n-1}) + f_n[au_{n-1} + b(s_{n-1} - u_{n-1})] \right\} \\
&= \max_{u_{n-1}} \left\{ cu_{n-1} + d(s_{n-1} - u_{n-1}) + c[au_{n-1} + b(s_{n-1} - u_{n-1})] \right\} \\
&= \max_{u_{n-1}} \left\{ [(c-d) - c(b-a)]u_{n-1} + (d+cb)s_{n-1} \right\} \\
&= \max_{l_{n-1}} \left\{ [(c-d) - c(b-a)]l_{n-1} + (d+cb) \right\} s_{n-1}
\end{aligned}
\tag{5-12}
$$

因此,要满足上式极值关系的条件是:

$$
c - d > c(b-a) \tag{5-13}
$$

$l_{n-1}^* = 1$,即第 $n-1$ 年仍应全部在高负荷下生产。否则,当式(5-12)不满足时,应取 $l_{n-1}^* = 0$,即第 $n-1$ 年应全部投入低负荷生产。

由前可知,只要在第 k 年投入低负荷生产,那么递推计算结果必然是从第1年到第 k 年均为低负荷生产。可见,算出 $l_k^* = 0$ 后,前几年就没有必要再计算了。故只需研究哪一年由低负荷转入高负荷生产,即从 l 那一年开始变为1就行。根据这点,现只分析满足式(5-12)的情况。由于 $l_{n-1}^* = 1$,式子变为 $f_{n-1}(s_{n-1}) = c(1+a)s_{n-1}$,对第 $n-2$ 段,根据逆推关系式有:

$$
\begin{aligned}
f_{n-2}(s_{n-2}) &= \max_{0 \leqslant u_{n-2} \leqslant s_{n-2}} \left\{ cu_{n-2} + d(s_{n-2} - u_{n-2}) + f_{n-1}(s_{n-1}) \right\} \\
&= \max_{u_{n-2}} \left\{ cu_{n-2} + d(s_{n-2} - u_{n-2}) + c(1+a)[au_{n-2} + b(s_{n-2} - u_{n-2})] \right\} \\
&= \max_{u_{n-2}} \left\{ [(c-d) - c(1+a)(b-a)]u_{n-2} + [d + c(1+a)b]s_{n-2} \right\} \\
&= \max_{l_{n-2}} \left\{ [(c-d) - c(1+a)(b-a)]l_{n-2} + [d + c(1+a)b] \right\} s_{n-2}
\end{aligned}
\tag{5-14}
$$

由此可知,要满足极值条件式 $c-d > c(1+a)(b-a)$,就应选 $l_{n-2}^* = 1$,否则为0,即应继续在高负荷下生产。如果转入高负荷下生产的是第 t 年,依次类推,可以推出应满足极值关系的条件必然是:

$$
\begin{cases}
c - d > c(1 + a + a^2 + \cdots + a^{n-(t+1)})(b-a) \\
c - d < c(1 + a + a^2 + \cdots + a^{n-t})(b-a)
\end{cases}
\tag{5-15}
$$

相应地有最优策略:

$$
\begin{aligned}
l_n^* = l_{n-1}^* = \cdots = l_t^* = 1 \\
l_n^* = l_2^* = \cdots = l_{t-1}^* = 0
\end{aligned}
\tag{5-16}
$$

它就是上例在始端固定、终端自由情况下最优策略的一般结果。

从这个例子可以看到,应用动态规划能够在不求出数值解的情况下,确定最优策略的结构。

具体求解代码如下所示：

```
from mip import Model, xsum, maximize, CONTINUOUS
def optModel(m, n, g, h, a, b):
    model = Model("机器负载分配")
    # 将变量定义为连续型（非整数）
    x1 = [model.add_var(var_type = CONTINUOUS) for i in range(n)]
    x2 = [model.add_var(var_type = CONTINUOUS) for i in range(n)]
    model.objective = maximize(xsum(x1[i] * g + x2[i] * h for i in range(n)))
    model += x1[0] + x2[0] == m
    for i in range(1, n):
        model += x1[i] + x2[i] == x1[i - 1] * a + x2[i - 1] * b
    model.verbose = 0
    model.optimize()
    # 获取最优值并四舍五入为整数
    lis1 = [round(var.x) for var in x1]
    lis2 = [round(var.x) for var in x2]
    # 显示最优解和分配情况
    print(model.objective_value)
    print(lis1)
    print(lis2)
if _name_ == '_main_':
    m, n, g, h, a, b = 1000, 5, 8, 5, 0.7, 0.9
    optModel(m, n, g, h, a, b)
```

运行代码结果如下：

```
23691.2
[0, 0, 810, 567, 397]
[1000, 900, 0, 0, 0]
```

通过计算，5年后产量最大为23691个单位，第1年低负荷运行1000台机器，第2年低负荷运行900台机器，第3年810台机器高负荷运行，第4年567台机器高负荷运行，第5年397台机器高负荷运行。

本章课件和
案例代码

第6章
数据聚类分析

本章将学习聚类（clustering）。聚类分析的主要目标是将一组数据点分成不同的组或簇，使得同一组内的数据点相似性较高，而不同组之间的数据点相似性较低。这种相似性通常是基于数据点之间的距离或相似性度量来定义的。"物以类聚，人以群分。"聚类分析的作用是帮助你找到数据中的自然组织方式，使你能够更好地理解和利用这些数据。本章介绍常用的聚类方法，包括K-均值聚类、DBSCAN和层次聚类。

6.1 数据聚类分析理论

下面介绍三个常见的聚类算法的原理,包括K-均值(K-means)聚类、DBSCAN和层次聚类。这三种算法分别代表了三种常见的聚类思路。

6.1.1 均值聚类

基于划分的聚类方法是一种简单且直观的聚类方法。它将数据分为k个簇,每个簇是一个区域,最终目标是使每个簇内的样本尽可能相似,而不同簇之间的样本尽可能不相似。

K-均值聚类是基于划分的聚类方法中最常用的算法之一。它的基本思想是通过迭代将样本点分配到距离其最近的簇中,并更新簇的中心,以使簇内样本的平均距离最小化。K-均值聚类算法的主要步骤如下。

①随机初始化k个样本作为簇中心点。

②将每个样本点分配到距离其最近的簇中心。

③更新每个簇的中心,即将簇内所有样本的均值作为新的中心。

④重复步骤②和步骤③,直到簇中心不再变化或达到预定的迭代次数。

具体流程见图6-1所示。

K-均值聚类是一种迭代优化算法,其结果可能会受初始簇中心的选择和k值的影响。因此,通常需要多次运行K-均值聚类算法,选择最佳的聚类结果。K-均值聚类方法对于大型数据集,通常能够快速收敛,保证较好的伸缩性。

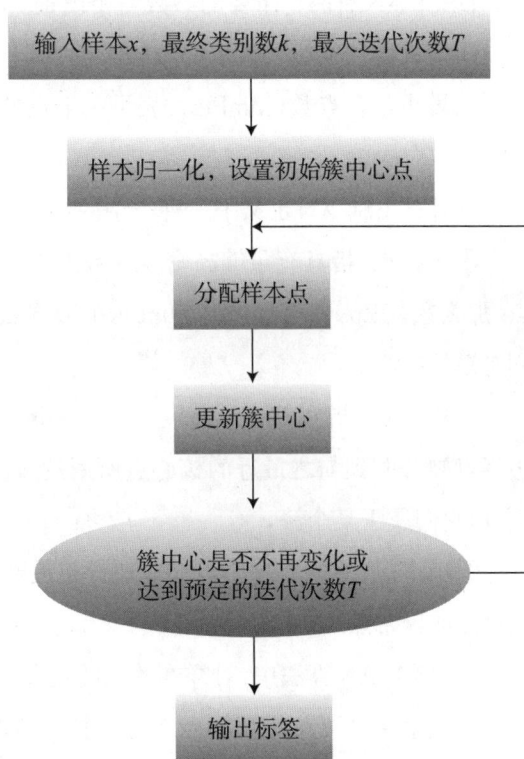

图6-1 K-均值聚类方法流程示意

然而,K-均值聚类方法具有以下缺点。

①对k值敏感。K-均值需要事先确定簇的数量k,不同的k值可能会产生不同的聚类结果。

②对初始值敏感。初始簇中心的选择会影响聚类结果,不同的初始值可能会导致不同的聚类结果。

③对样本类型敏感。该方法不适合样本类别不平衡、太离散、非凸形状的分类。

④对异常点敏感。K-均值对异常点敏感,异常点可能会影响簇的中心位置。

6.1.2　DBSCAN

基于密度的聚类算法(density-based spatial clustering of applications with noise,DBSCAN),能够发现具有不同密度的聚类簇,并将离群点(噪声点)识别为单独的类别。该方法通过测量数据点周围的密度来确定聚类,而不是预先指定簇的数量。它将具有足够高密度的数据点分配给同一个簇,并将低密度区域的数据点识别为噪声点,其特别适用于处理具有复杂形状的簇以及包含离群点的数据集。

DBSCAN有两个重要的参数需要设置。

①搜索半径(Eps),表示邻域的半径,用于确定一个点的邻域。

②最小包含点数(MinPts),表示一个点的邻域内至少应包含的数据点数,用于定义核心点。

此外,DBSCAN定义了三种类型的数据点。

①核心点,指具有足够高密度的数据点。具体来说,如果一个数据点被视为核心点,那么在其Eps内至少包含MinPts个数据点(包括自身)。核心点是聚类的基础,它们是簇的中心。

②边界点,指在其Eps内包含少于MinPts个核心点但仍接近核心点的数据点。边界点被分配到与之最近的核心点所属的簇。边界点不具备足够的密度以成为核心点,但它们属于某个簇。

③噪声点,指既非核心点亦非边界点的数据点。它们不属于任何簇,通常被视为离群点或异常点。

在DBSCAN算法中,对样本关系的定义主要涉及以下几个方面。

①直接密度可达。数据点A与数据点B之间的关系如下:如果B在A的Eps内,并且A是核心点,那么A与B是直接密度可达的。

②密度可达。两个非直接密度可达的数据点A和B,可通过多个直接密度可达关系到达,则为密度可达。例如,数据点A与C为直接密度可达,C与B为直接密度可达,则A和B之间的关系为密度可达。

③密度相连。若存在两个数据点不是密度可达的,可通过多个密度可达关系到

达,则为密度相连。

样本关系示意图如图6-2所示。

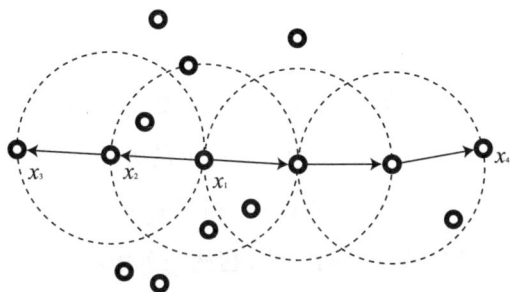

MinPts=3
核心点:x_1
x_2与x_1直接密度可达
x_3与x_1密度可达
x_3与x_4密度相连

图6-2　样本关系示意

基于上面的定义,DBSCAN算法的流程如下。

①初始化。确定两个重要参数——Eps和MinPts。

②核心点标记。对于每个数据点,计算在其Eps内是否有至少MinPts个数据点。如果满足条件,将该点标记为核心点。

③密度可达性。通过连接密度可达的核心点来构建聚类。如果两个点A和B是密度可达的,则可以通过一系列步骤(每一步都在Eps内找到下一个核心点)连接A和B。

④创建簇。对于每个核心点,根据密度可达性构建聚类。这意味着将所有密度可达的点分配到同一个簇中。

⑤处理噪声点。所有未分配到任何簇的非核心点被视为噪声点。

⑥完成。当所有数据点都被处理并分配到簇中时,DBSCAN算法完成。簇包含核心点及其密度可达的其他点,噪声点被单独标识。

综上,DBSCAN算法是一种自底向上的聚类方法,无须预先指定簇的数量,能将数据点划分为具有不同密度的簇,并能识别出噪声点,对噪声数据具有较好的容忍度。但是,对参数Eps和MinPts的选择较敏感,不同的参数可能导致不同的聚类结果。而且对于高维数据和数据点数量巨大的数据集,计算密度可达点的过程可能较慢。

6.1.3　层次聚类

层次聚类(hierarchical clustering)是一种将数据集分层次组织的聚类方法,它通过构建树状结构(称为聚类树或树状图)来表示数据点之间的层次关系。在层次聚类中,数据点首先被视为单独的簇,然后逐渐合并为更大的簇,最终形成一个包含所有数据点的完整聚类树。层次聚类可以分为两种主要类型:凝聚式(agglomerative)和分裂式(divisive)。凝聚式层次聚类是一种自底向上的方法,它从单独的数据点开始,然后逐渐将相似的数据点合并为较大的簇,直到最终形成一个包含所有数据点的簇。而分裂式层次聚类是一种自顶向下的方法,它从一个包含所有数据点的初始簇开始,然后逐渐将其分割成较小的簇,直到每个数据点都成为一个单独的簇。

在层次聚类中,有几种常见的距离度量方法用于计算簇之间的距离。

①最近点距离。两个簇之间的距离被定义为这两个簇中最近的两个数据点之间的距离。

②最远点距离。两个簇之间的距离被定义为这两个簇中最远的两个数据点之间的距离。

③平均距离。两个簇之间的距离被定义为这两个簇中所有数据点对之间距离的平均值。这种方法计算相对较慢,且通常对异常值不太敏感,因为它考虑了所有数据点对的距离。

距离度量方法示意图如图6-3所示。

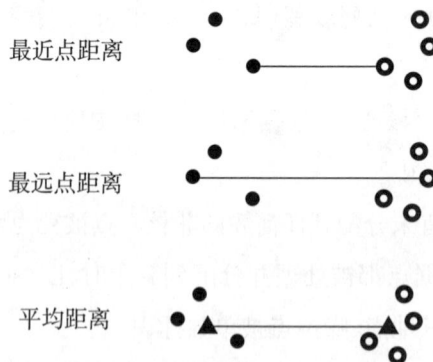

图6-3　距离度量方法示意

选择哪种距离度量方法以及与哪种聚类合并策略结合使用通常取决于问题的性质、数据的特点和用户的需求。不同的组合可能会导致不同的聚类结果,因此需要根据具体情况来选择合适的方法。

层次聚类是一种多领域通用的数据分析工具,在生物学、文本分析、图像处理、社交网络分析等领域都有广泛的应用,特别是在需要分层次理解数据结构的任务中。同时,它能够帮助研究人员和决策者在不同的层次上理解数据结构,从而使其更好地进行数据探索、分类和理解。

总结以上三种方法,得到它们的优缺点和适用范围,如表6-1所示。

表6-1　各种方法的优缺点和适用范围

方法	优点	缺点	适用范围
K-均值聚类	对于大型数据集能够快速收敛	对k值敏感;对初始值敏感;对样本类型敏感;对异常点敏感	通常用于数据的聚类、图像分割、维度缩减以及数据预处理等领域
DBSCAN	无须预先指定簇的数量;对噪声数据具有较好的容忍度	对参数Eps和MinPts的选择较敏感	适用于处理具有复杂形状的簇以及包含离群点的数据集
层次聚类	不受初始值影响;清晰地展示数据之间的关系	对异常点敏感;难以处理非凸形状的聚类	适用于需要分层次理解数据结构的任务

6.2　常见形态数据聚类分析示例

6.2.1　三种常见形态数据介绍

首先,引入sklearn包,利用其中的dataset(数据集)工具箱快速生成各种形态的数据。

```
# 引入 NumPy 包
import numpy as np
# 引入 sklearn 包
import sklearn
# 引入 sklearn 包中的数据集生成工具
import sklearn.datasets
```

运用sklearn.datasets.make_circles方法生成以同心圆分布的数据,在生成的数据中,X为样本属性,Y为对应数据所属类别标签。

X, Y = sklearn.datasets.make_circles(n_samples = 500, noise = 0.1, factor = 0.2)

其中,factor参数控制了内部圆圈和外部圆圈之间的距离。这个参数的取值范围是0到1,0表示内部圆和外部圆完全重叠,1表示它们相隔很远。

以下代码可生成多簇分布的数据,且每簇数据为高斯分布。

X，Y ＝ sklearn.datasets.make_blobs(n_samples ＝ 500, random_state ＝ 3)

其中，random_state 参数是用于控制生成数据集的随机性的种子值。

X，Y ＝ sklearn.datasets.make_moons(n_samples ＝ 500, noise ＝ 0.1, random_state ＝ 3)

数据可视化情况如图 6-4 所示。

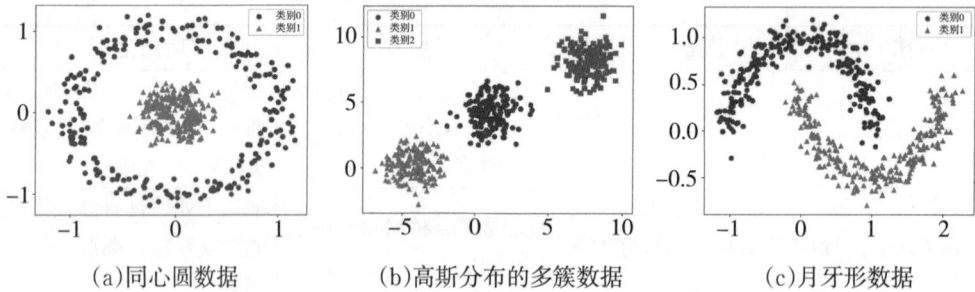

(a)同心圆数据　　　　　(b)高斯分布的多簇数据　　　　　(c)月牙形数据

图6-4　三种数据形态示例

6.2.2　三种聚类方法的处理效果

以上述三种数据形态为例，使用三种聚类方法进行讨论。首先，需要导入三种模型的方法。

```
# 聚类方法的实现
# 导入三种模型的方法
from sklearn.cluster import KMeans, DBSCAN, AgglomerativeClustering
```

【K-均值聚类】使用 K-均值聚类方法，需要在创建模型时定义模型参数，即样本分类簇数。进而，将样本属性 X 输入模型中加以训练，得到模型结果标签。

```
# 定义模型参数，n_clusters_设置为2，表示将数据分为2个聚类
n_clusters_ = 2
model = KMeans(n_clusters = n_clusters_)
# 训练模型
model.fit(X)
# 模型输出结果
Y_KMeans = model.labels_
```

这段代码执行后，Y_KMeans 包含每个数据点的聚类标签，可以根据这些标签进一步分析数据的聚类情况。也可以类似地使用其他聚类算法（如 DBSCAN、AgglomerativeClustering）进行相似的操作。

【DBSCAN】

```
# DBSCAN 创建模型时需要定义搜索半径和最小包含点数
model = DBSCAN (eps = 1, min_samples = 10)
# 训练模型
model.fit(X)
# 模型输出结果
Y_DBSCAN = model.labels_
```

【层次聚类】

```
# 层次聚类 定义了不同的分层聚类距离计算方法
linkages = ['ward', 'average', 'complete', 'single']
# 指定聚类类簇数量
n_clusters_ = 2
model = AgglomerativeClustering(linkage = linkages[3], n_clusters = n_clusters_)
# 训练模型
model.fit(X)
# 模型输出结果
Y_AgglomerativeClustering = model.labels_
```

在上述代码中，linkages[3]表示从linkages列表中选择索引为3的元素。在Python中，索引从0开始，所以 linkages[3]实际上选择了列表中的第四个元素，即single。因此，linkage = linkages[3]的效果是将分层聚类的距离计算方法设置为single，这意味着在分层聚类中将使用"最近点距离"（single linkage）的方法来计算数据点之间的距离。不同的距离计算方法会影响聚类的结果，可以根据具体需求选择合适的距离计算方法。

将原始数据的分组标签与三种聚类方法产生的结果进行比较。

```
# 结果比较
import matplotlib.pyplot as plt
fig = plt.figure(1, (10, 8), dpi = 300)
ax1 = plt.subplot(221)
# 绘制原始数据图像
plt.scatter(X[Y == 0, 0], X[Y == 0, 1], label = 'Class 0', marker = 'o')
plt.scatter(X[Y == 1, 0], X[Y == 1, 1], label = 'Class 1', marker = '^')
plt.title('Initial data')
ax2 = plt.subplot(222)
# 绘制K-均值聚类结果图像
markers = ['o', '^']                    # 两种不同形状
```

```
for label in np.unique(Y_KMeans):
    plt.scatter(X[Y_KMeans == label, 0], X[Y_KMeans == label, 1], label =f'Cluster {label}',
marker = markers[label])
plt.title('KMeans')
ax3 = plt.subplot(223)
# 绘制 DBSCAN 聚类结果图像
markers = ['o', '^']                          # 两种不同形状
for label in np.unique(Y_DBSCAN):
    plt.scatter(X[Y_DBSCAN == label, 0], X[Y_DBSCAN == label, 1], label =f'Cluster {label}',
marker = markers[label])
plt.title('DBSCAN')
ax4 = plt.subplot(224)
# 绘制层次聚类结果图像
markers = ['o', '^']                          # 两种不同形状
for label in np.unique(Y_AgglomerativeClustering):
    plt.scatter(X[Y_AgglomerativeClustering == label, 0], X[Y_Agglomerative Clustering ==
label, 1], label = f'Cluster {label}', marker = markers[label])
plt.title('AgglomerativeClustering')
plt.show()
```

以同心圆分布数据为测试数据，K-均值聚类类簇数取值为2；DBSCAN搜索半径为1，最小包含点数为10；层次聚类类簇数取2，用距离计算法取最近点距离。得到的结果如图6-5所示。

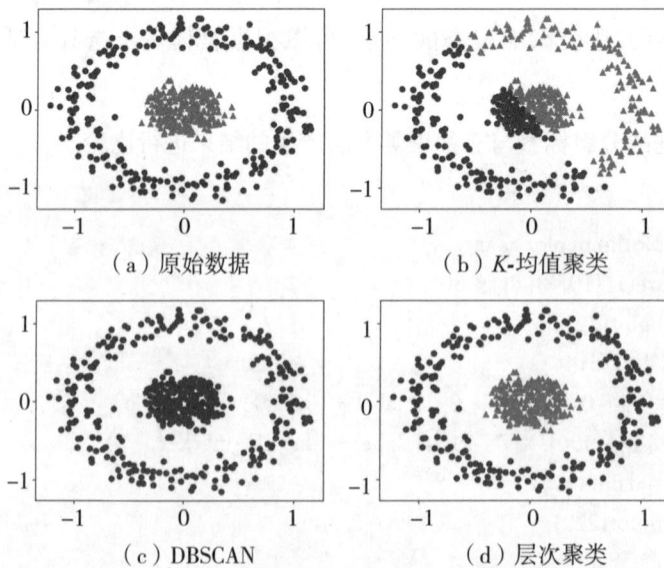

（a）原始数据　　　　　　　　（b）K-均值聚类

（c）DBSCAN　　　　　　　　（d）层次聚类

图6-5　同心圆数据聚类后的结果

以多簇分布的数据为测试数据,*K*-均值聚类类簇数取值为3;DBSCAN搜索半径为1,最小包含点数为10;层次聚类类簇数取3,用距离计算法取最近点距离。得到的结果如图6-6所示。

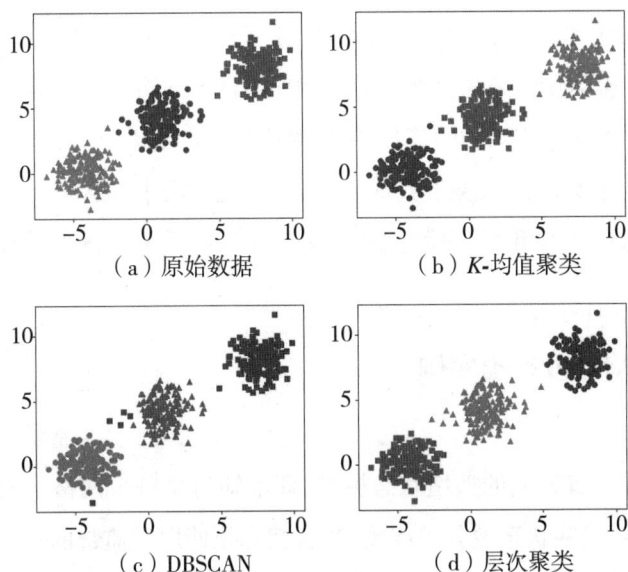

（a）原始数据　　　（b）*K*-均值聚类

（c）DBSCAN　　　（d）层次聚类

图6-6　多簇数据聚类后的结果

以月牙形分布的数据为测试数据,*K*-均值聚类类簇数取值为2;DBSCAN搜索半径为0.2,最小包含点数为10;层次聚类类簇数取10,用距离计算法取最近点距离。得到的结果如图6-7所示。

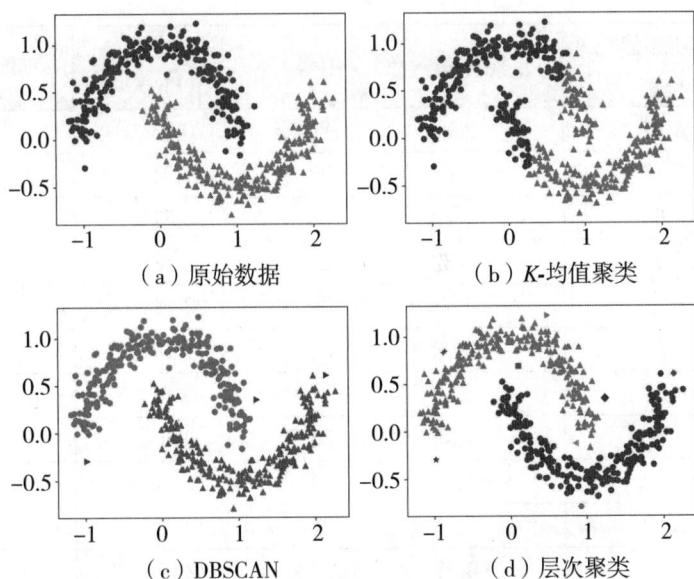

（a）原始数据　　　（b）*K*-均值聚类

（c）DBSCAN　　　（d）层次聚类

图6-7　月牙形数据聚类后的结果

K-均值聚类算法只适用于各簇之间的分布存在明显差异、簇内分布较为均匀的数据,对于同心圆数据、月牙形数据而言识别结果较差。DBSCAN聚类方法十分依赖于参数的设置,不同的参数设置会直接影响DBSCAN识别结果的类簇大小与样本密度。DBSCAN擅长识别形态独特的异性簇,是三种聚类算法中唯一能直接判别离群点的方法。层次聚类则需要考虑数据点之间距离的衡量方式。而且层次聚类与K-均值聚类一样需要事先设定聚类的簇数,结果对簇数的设定十分敏感。

选择适当的聚类算法取决于数据的性质、问题的需求和合适的参数设置。每种算法都有其自身的优势和局限性,因此在实际应用中需要尝试多种算法以获得最佳的聚类结果。

6.3 交通拥堵程度聚类实例

【案例6-1】

当历史数据没有相应的拥堵状态标签,即不知道每一个网格当前状态下的路况类别,但又希望对这些状态做分类或预测时,就必须使用无监督的方法进行分析。本案例就将展示如何利用K-均值算法,对无真实标签下的网格拥堵状态进行判别。

(1)数据集介绍

本案例在50个样本的小数据集上进行聚类分析,选取"平均速度"和"平均停车次数"作为聚类特征,来判断网格的拥堵状态,具体见表6-2。

表6-2 聚类数据集

编号	平均速度/ $(km \cdot h^{-1})$	平均停车次数	编号	平均速度/ $(km \cdot h^{-1})$	平均停车次数
1	4.99	3.26	26	20.83	0.00
2	7.11	0.66	27	21.01	1.00
3	3.64	0.72	28	25.61	0.00
4	10.17	3.32	29	12.18	0.29
5	8.23	0.48	30	22.74	2.50
6	22.55	0.00	31	1.18	8.70
7	0.33	5.19	32	0.44	9.93
8	3.50	1.35	33	0.50	8.18
9	10.00	1.55	34	27.11	0.00
10	8.00	0.06	35	22.02	0.00
11	9.00	4.25	36	22.68	0.33

续表

编号	平均速度/ (km·h⁻¹)	平均停车次数	编号	平均速度/ (km·h⁻¹)	平均停车次数
12	26.45	0.00	37	35.68	0.00
13	2.50	13.58	38	35.42	0.00
14	21.20	0.00	39	5.79	2.20
15	31.19	0.00	40	2.94	7.35
16	21.38	0.00	41	22.02	0.00
17	15.90	0.46	42	22.68	0.33
18	20.61	0.00	43	35.68	0.00
19	23.04	0.00	44	35.42	0.00
20	21.71	0.00	45	27.01	0.00
21	32.86	0.00	46	13.58	2.08
22	21.44	0.00	47	26.81	0.00
23	24.18	0.00	48	23.23	0.00
24	30.68	0.00	49	31.75	0.13
25	20.01	0.00	50	1.35	6.78

本案例中,拥堵状态分为三类,包括畅通、缓行、拥堵,因此聚类个数为3,即将所有的样本数据分为3个簇。

(2)模型训练

首先,构建 K-均值聚类算法。读取数据集并选取特征后,定义 K-均值聚类算法,包括聚类个数和随机种子,然后进行数据标准化,再在此基础上进行 K-均值聚类,最后将聚类结果拼接到原始数据集中并进行输出。

这里需要注意的是,用聚类算法可以得到簇标签,但每个簇的具体意义需要根据实际分析得到。根据当前聚类结果,可以进行交通流参数分析等,为进一步研究提供依据。

(3)聚类结果分析及可视化

聚类结果分析代码如下,主要功能是将属于不同聚类簇的数据点用不同的颜色表示出来。

```
import numpy as np
import pandas as pd
from sklearn.cluster import KMeans, DBSCAN, AgglomerativeClustering
from sklearn.preprocessing import StandardScaler
import matplotlib.pyplot as plt
import matplotlib
matplotlib.use('TkAgg')
import matplotlib
matplotlib.rcParams['font.sans-serif'] = ['SimHei']        # 显示中文
# 使坐标轴负号正常显示。Matplotlib默认不支持中文，设置中文字体后，负号会显示
# 异常。需要手动将坐标轴负号设为False才能正常显示负号
matplotlib.rcParams['axes.unicode_minus'] = False
# 读取数据
data = pd.read_excel(r'D:\py_5_book\副本 1.xlsx')
# 选择特征
features = ['stopNum', 'aveSpeed']
# 数据标准化
scaler = StandardScaler()
data_ori_nor = scaler.fit_transform(data[features])
# K-均值类聚
n = 3
kmeans = KMeans(n_clusters = n, random_state = 0)
labels = kmeans.fit_predict(data_ori_nor)
# 输出数据集
output_data = pd.concat([data, pd.DataFrame(labels, columns = ['labels'])], axis = 1)
print(output_data)
# 判断各簇实际意义
grouped = output_data.groupby(['labels']).mean()['aveSpeed']
congested = int(grouped.idxmin(axis = 0))
clear = int(grouped.idxmax(axis = 0))
slow = [x for x in output_data['labels'].unique() if x not in [congested, clear]][0]
# 绘图
fig, ax = plt.subplots(figsize = (8, 6))
ax.scatter(output_data[output_data['labels'] == clear]['aveSpeed'],
      output_data[output_data['labels'] == clear]['stopNum'], label = '畅通', marker= 'o',
color = 'green', s = 100)
ax.scatter(output_data[output_data['labels'] == slow]['aveSpeed'],
```

```
        output_data[output_data['labels'] == slow]['stopNum'], label = '缓行', marker = 'v',
color = 'yellow', s = 100)
ax.scatter(output_data[output_data['labels'] == congested]['aveSpeed'],
        output_data[output_data['labels'] == congested]['stopNum'], label = '拥堵',
marker = 'x', color = 'red', s = 100)
ax.set_xlim((-0.1, 40))
ax.tick_params(labelsize = 12)
ax.set_xlabel('速度', fontsize = 14)
ax.set_ylabel('停车次数', fontsize = 14)
ax.legend(fontsize = 12, loc = 'upper right')
# 显示绘图
plt.show()
```

将聚类标签与原始样本进行匹配,对每个簇绘制散点图,直观地展现其实际意义。图6-8为使用 K-均值聚类方法得到的各簇速度—停车次数散点图。

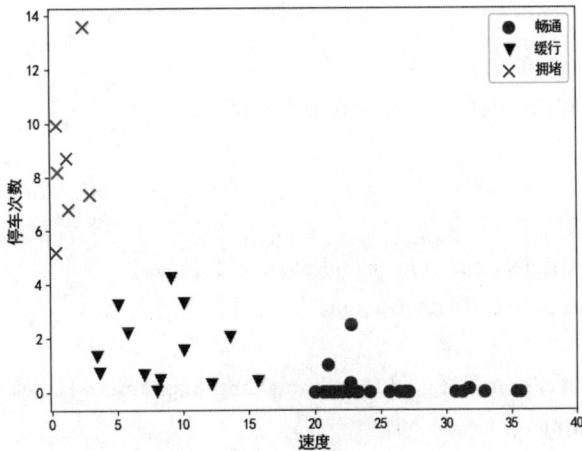

图6-8　K-均值聚类结果示例

【案例6-2】

使用DBSCAN算法进行网格拥堵程度聚类,代码如下:

```python
import numpy as np
import pandas as pd
from sklearn.cluster import KMeans, DBSCAN, AgglomerativeClustering
from sklearn.preprocessing import StandardScaler
import matplotlib.pyplot as plt
import matplotlib
matplotlib.use('TkAgg')
import matplotlib
matplotlib.rcParams['font.sans-serif'] = ['SimHei']          # 显示中文
# 使坐标轴负号正常显示。Matplotlib默认不支持中文,设置中文字体后,负号会显示
异常。需要手动将坐标轴负号设为 False 才能正常显示负号
matplotlib.rcParams['axes.unicode_minus'] = False
# 读取数据
data = pd.read_excel(r'D:\py_5_book\副本 1.xlsx')
# 选择特征
features = ['stopNum', 'aveSpeed']
# 数据标准化
scaler = StandardScaler()
data_ori_nor = scaler.fit_transform(data[features])
# DBSCAN
eps = 0.5
min_samples = 3
dbscan = DBSCAN(eps = eps, min_samples = min_samples)
labels = dbscan.fit_predict(data_ori_nor)
# 输出数据集
output_data = pd.concat([data, pd.DataFrame(labels, columns = ['labels'])], axis = 1)
print(output_data)
# 判断各簇实际意义
grouped = output_data.groupby(['labels']).mean()['aveSpeed']
congested = int(grouped.idxmin(axis = 0))
clear = int(grouped.idxmax(axis = 0))
slow = [x for x in output_data['labels'].unique() if x not in [congested, clear]][0]
# 绘图
fig, ax = plt.subplots(figsize = (8, 6))
ax.scatter(output_data[output_data['labels'] == clear]['aveSpeed'],
        output_data[output_data['labels'] == clear]['stopNum'], label = '畅通', marker = 'o',
color = 'green', s = 100)
ax.scatter(output_data[output_data['labels'] == slow]['aveSpeed'],
```

```
        output_data[output_data['labels'] == slow]['stopNum'], label = '缓行', marker = 'v',
color = 'yellow', s = 100)
ax.scatter(output_data[output_data['labels'] == congested]['aveSpeed'],
        output_data[output_data['labels'] == congested]['stopNum'], label = '拥堵',
marker = 'x', color = 'red', s = 100)
ax.set_xlim((-0.1, 40))
ax.tick_params(labelsize = 12)
ax.set_xlabel('速度', fontsize = 14)
ax.set_ylabel('停车次数', fontsize = 14)
ax.legend(fontsize = 12, loc = 'upper right')
# 显示绘图
plt.show()
```

需要注意的是,该算法无法指定聚类个数,只能通过调整 Eps 和 MinPts 这两个参数来改变最终聚类个数。对结果进行可视化,图 6-9 为使用 DBSCAN 聚类方法得到的各簇速度—停车次数散点图。

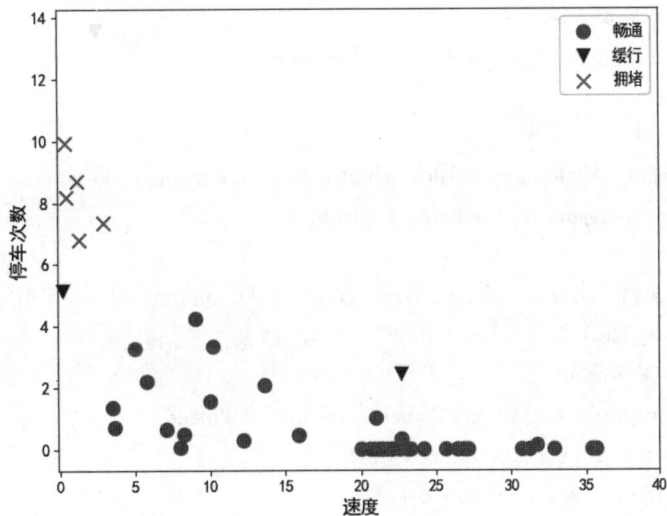

图6-9　DBSCAN聚类结果示例

【案例6-3】

用默认的欧几里得距离进行层次聚类,代码如下:

```
import numpy as np
import pandas as pd
from sklearn.cluster import KMeans, DBSCAN, AgglomerativeClustering
from sklearn.preprocessing import StandardScaler
import matplotlib.pyplot as plt
import matplotlib
matplotlib.use('TkAgg')
import matplotlib
matplotlib.rcParams['font.sans-serif'] = ['SimHei']          # 显示中文
# 使坐标轴负号正常显示。Matplotlib默认不支持中文，设置中文字体后，负号会显示
异常。需要手动将坐标轴负号设为False才能正常显示负号
matplotlib.rcParams['axes.unicode_minus'] = False
# 读取数据
data = pd.read_excel(r'C:\Users\86177\Desktop\1.xlsx')
# 选择特征
features = ['stopNum', 'aveSpeed']
# 数据标准化
scaler = StandardScaler()
data_ori_nor = scaler.fit_transform(data[features])
# 层次聚类
n_clusters = 3
agg_clustering = AgglomerativeClustering(n_clusters = n_clusters)
labels = agg_clustering.fit_predict(data_ori_nor)
# 输出数据集
output_data = pd.concat([data, pd.DataFrame(labels, columns = ['labels'])], axis = 1)
print(output_data)
# 判断各簇实际意义
grouped = output_data.groupby(['labels']).mean()['aveSpeed']
congested = int(grouped.idxmin(axis = 0))
clear = int(grouped.idxmax(axis = 0))
slow = [x for x in output_data['labels'].unique() if x not in [congested, clear]][0]
# 绘图
fig, ax = plt.subplots(figsize = (8, 6))
ax.scatter(output_data[output_data['labels'] == clear]['aveSpeed'],
        output_data[output_data['labels'] == clear]['stopNum'], label = '畅通', marker = 'o',
    color = 'green', s = 100)
ax.scatter(output_data[output_data['labels'] == slow]['aveSpeed'],
```

```
        output_data[output_data['labels'] == slow]['stopNum'], label = '缓行', marker = 'v',
    color = 'yellow', s = 100)
ax.scatter(output_data[output_data['labels'] == congested]['aveSpeed'],
        output_data[output_data['labels'] == congested]['stopNum'], label = '拥堵',
    marker = 'x', color = 'red', s = 100)
ax.set_xlim((-0.1, 40))
ax.tick_params(labelsize = 12)
ax.set_xlabel('速度', fontsize = 14)
ax.set_ylabel('停车次数', fontsize = 14)
ax.legend(fontsize = 12, loc = 'upper right')
# 显示绘图
plt.show()
```

对结果进行可视化,使用层次聚类方法得到的各簇速度−停车次数散点图与 K-均值聚类相同,具体可见图6-8。

本章课件和
案例代码

第 7 章
数据判别分析

判别分析是在分类确定的条件下,根据某一研究对象的各种特征值判别其类型归属问题的一种多变量统计分析方法。判别分析用于分类、识别、特征选择、决策支持、数据理解、模式识别、预测等各种任务,有助于提高决策的准确性和效率。在实际中有很多应用,例如物流需求类型判别、图像处理(将图像中的对象分类)、金融风险评估(识别信用风险等级)等。本章介绍五种判别分析算法。

7.1 数据判别分析理论

判别过程一般分为两个阶段,包括学习阶段和分类阶段。

在学习阶段,模型训练的目的是了解不同类别之间的差异和特征。对已知类别的训练数据集选择用于分类的特征或属性,建立一个判别模型。并且,该模型学习如何根据特征将数据分配到正确的类别。在分类阶段,训练好的模型用于将新的、未知类别的数据点分配到已知的类别中。这两个阶段一起构成了判别分析的工作流程,允许模型学习如何分类数据并将该知识应用于新的、未知的数据点。

7.1.1 *K*-近邻算法

K-近邻(*K*-nearest neighbor,KNN)算法是一种用于分类和回归的监督学习算法。它的工作原理非常简单,其基本思想如下:如果一个样本在特征空间中*K*个最邻近样本中的大多数属于某个类别,那么该样本也很可能属于这个类别。KNN算法可以用于解决分类问题和回归问题。图7-1为KNN算法原理示意图。

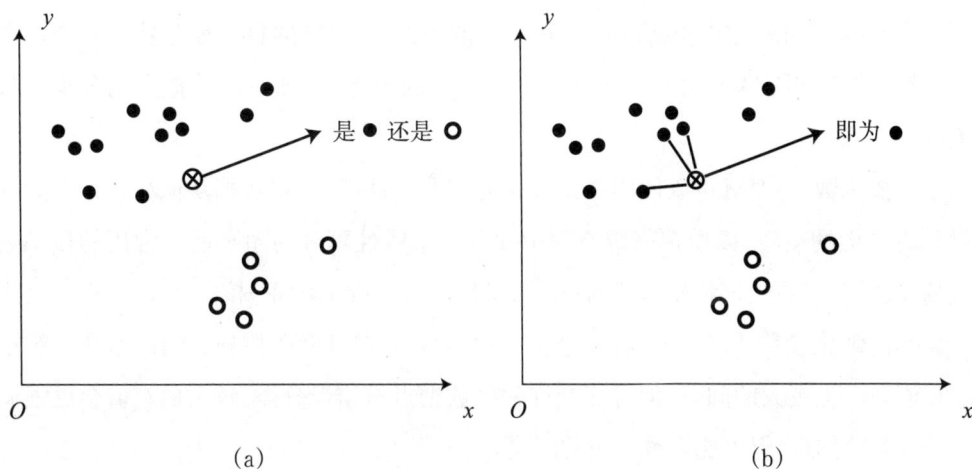

(a)   (b)

图7-1　KNN算法原理示意

KNN算法用于分类问题的主要步骤如下。

①选择*K*值。选择一个合适的*K*值。

②计算距离。对于要进行分类的样本点,计算它与训练集中所有样本点的距离。

③找到*K*个最近邻居。从距离最近的样本中选择*K*个最近样本,这些最近样本的类别或数值将用于进行决策。

④分类。*K*个最近样本中哪个类别最多,就将要分类的样本点归为哪个类别。

KNN算法适用于小型数据集,因为它需要计算所有样本点之间的距离,计算成本较高。并且,K值的选择很重要,选择不同的K值可能会导致不同的分类或回归结果。

7.1.2　支持向量机

支持向量机(support vector machine, SVM)是一种强大的监督学习算法,主要用于分类和回归任务。SVM的主要思想是找到一个最优的超平面,将不同类别的数据点分隔开,同时最大化分类的间隔(即支持向量之间的距离)。需要了解关于SVM的以下关键概念。

①超平面。超平面是从n维空间到$n-1$维空间的一个映射子空间,超平面可以是一维,也可以是二维、三维、四维,一直到无穷维。如果空间是三维的,那么它的超平面是二维平面;而如果空间是二维的,则其超平面是一条直线。由于其性质,它将空间分成两个半空间。

②支持向量。支持向量是距离超平面最近的数据点,它们对于定义超平面和分类的决策非常关键。

③间隔。间隔是指支持向量到超平面的距离。SVM的目标就是找到一个超平面,使得这个间隔最大化。这样可以增加分类的鲁棒性,即对新数据点的分类效果更好。

④核函数。SVM可以使用核函数来处理非线性问题,将数据从原始特征空间映射到更高维的空间,以便在高维空间中找到一个线性可分的超平面。常用的核函数包括线性核、多项式核和径向基函数(radial basis function,RBF)核。

⑤正则化参数。SVM还有一个正则化参数C,它可以调整分类的严格性。较小的C值会产生更大的间隔,但可能允许一些数据点被错误分类,较大的C值会更强调准确分类数据点,但可能导致更小的间隔。

SVM可以分为线性和非线性两种类型,具体取决于超平面(决策边界)是否线性。

线性SVM的决策边界是一个线性超平面,在特征空间中表现为直线(对于二维空间)或超平面(对于高维空间)。线性SVM适用于线性可分问题,即可以用一条直线或平面将不同类别的数据完全分开。例如,在二维空间中,线性SVM可以用一条直线将两个不同类别的数据分隔开。在更高维度的空间中,线性SVM可以用一个超平面将多维数据分开,具体见图7-2。

非线性SVM适用于处理非线性可分问题,即不能用线性超平面将不同类别的数据完全分开。为了解决这种问题,非线性SVM引入了核函数。核函数允许将数据从

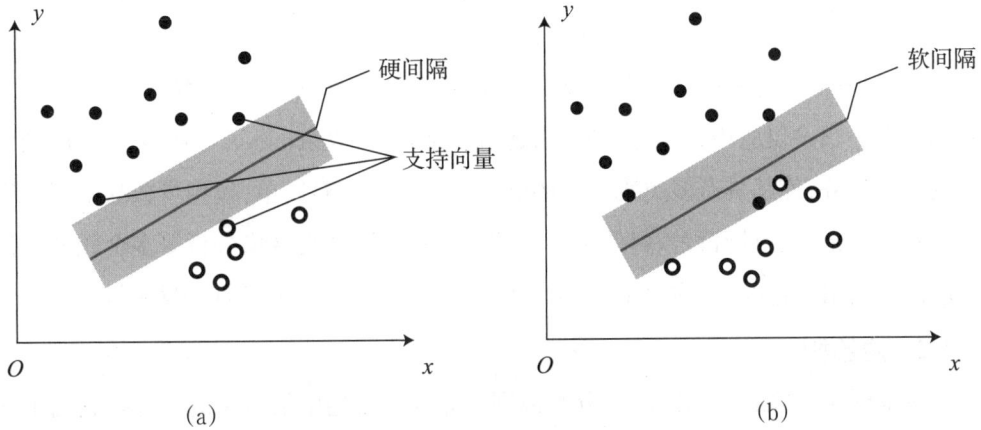

图7-2 线性SVM间隔类型

原始特征空间映射到更高维的空间,从而使数据在高维空间中线性可分。常见的核函数包括多项式核、径向基函数核、Sigmoid核等。这允许SVM处理更复杂的数据分布,包括曲线和边界不规则的情况。

SVM的优点包括在高维空间中有效,对于小样本数据集表现良好,能够处理非线性问题,以及对于异常值相对不敏感。它在图像分类、文本分类、生物信息学、金融预测等多个领域都有广泛的应用。然而,SVM的训练时间可能较长,对于大规模数据集和高维数据,需要谨慎选择核函数和正则化参数。

7.1.3 逻辑回归

逻辑回归(logistic regression,LR)虽然名字中包含"回归"一词,但实际上是一种用于解决分类问题的机器学习算法,特别是二分类问题。它的主要思想是通过一个称为"逻辑函数"(logistic function)或"Sigmoid函数"的非线性函数来建模输入特征与输出类别之间的关系,并将输出映射到概率空间。其中,逻辑函数一般使用Sigmoid函数,将线性组合的特征映射到0~1区间。

例如,预测学生是否被大学录取。对学生观测n个特征(例如笔试成绩、体育成绩、绩点等),通过对n个特征进行训练,得到一个逻辑回归模型,可以运用该模型区分某同学是否被大学录取。首先,要将各项特征的分数加权求和,再加上基本分,构成综合评分:

$$u = b + w_1 x_1 + w_2 x_2 + \cdots + w_n x_n = b + \boldsymbol{w}^{\mathrm{T}} \boldsymbol{x} \tag{7-1}$$

其中,$\boldsymbol{x} = (x_1, x_2, \cdots, x_n)^{\mathrm{T}}$为各特征的分数,$\boldsymbol{w}^{\mathrm{T}} = (w_1, w_2, \cdots, w_n)$为各特征的权重,$b$为截距,即基本分。接着引入Sigmoid函数,将综合评分转为最后判断的概率。

$$p = \frac{1}{1 + e^{-(w^{\mathrm{T}}x + b)}} \tag{7-2}$$

若 $p > 0.5$，则学生被预测为"录取"；若 $p < 0.5$，则学生被预测为"不录取"。

逻辑回归不仅适用于二分类问题，还可以通过一对多(one-vs-rest)策略扩展到多类别分类任务，使其具有多类别分类的能力。该模型相对简单，模型参数的解释性很强，在医疗、金融、市场营销、自然语言处理、图像处理、社交网络分析等多个领域中都有广泛的应用。它可以帮助解决实际问题，从而提高决策的科学性和准确性。

7.1.4　决策树

决策树(decision tree，DT)是分类模型的非线性模型中最常用的一种。它的工作原理类似于一个树形结构，通过一系列的决策节点来对数据进行分类预测。决策树的主要思想是寻找纯净划分的过程，根据数据的特征逐步进行分割，从而构建一个树形模型，使得在叶节点上的每个样本都属于同一类别或拥有相似的回归值。

决策树作为一种机器学习和数据分析工具，具有出色的可解释性和多用途性。它可用于分类、回归、特征选择和异常检测等任务，帮助理解数据、提供有用的模型解释，同时还能在复杂问题中快速建模，是数据科学领域中不可或缺的工具之一。

决策树的构建过程可以分为以下步骤。

①选择根节点。从数据集中选择一个特征作为根节点，通常是选择对目标变量分类起最大决策作用的特征。

②分裂数据集。根据所选特征的不同取值将数据集分成多个子集，每个子集对应于特征的一个取值。这些子集将成为树的分支。

③递归分裂。对每个子集重复上述过程，选择最佳的特征来构建子树。这是一个递归过程，直到满足停止条件，例如达到最大深度、子集中的样本属于同一类别或样本数小于某个阈值。

④建立叶节点。当停止条件满足时，创建一个叶节点，并确定它的类别。对于分类任务，通常选择叶节点中出现最频繁的类别作为预测结果。

⑤剪枝。为了避免过拟合，可以对已构建的决策树进行剪枝操作。剪枝是去掉一些分支，从而简化树的结构，提高泛化能力。

⑥构建完整树。重复上述步骤，直到所有分支都构建完毕，形成完整的决策树。

⑦预测。对于新的数据点，从根节点开始根据特征值依次沿着树的分支进行遍历，最终到达叶节点。根据叶节点的类别进行分类，详见图7-3。

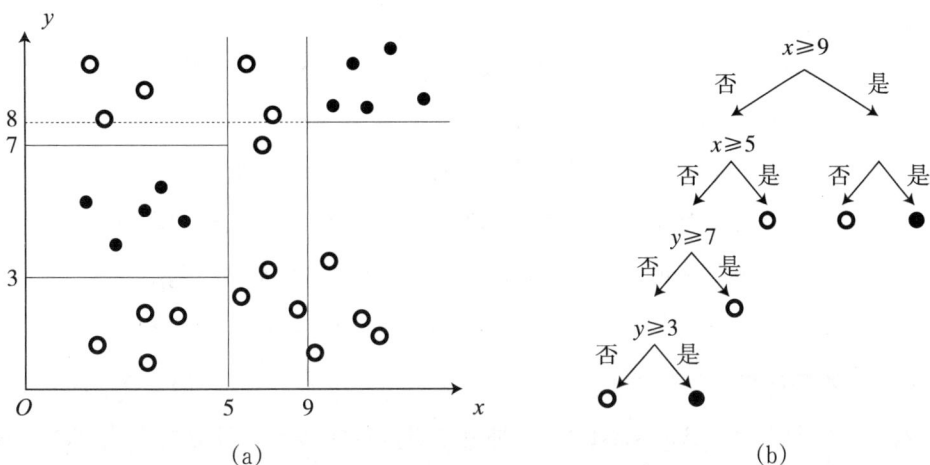

(a)   (b)

图7-3 决策树分类原理示意

在决策树的构建过程中,纯净划分是指根据某个特征和阈值将数据集分成子集,使得子集内的样本属于同一类别或具有相似的回归值。如果划分后的子集更加纯净,即样本更加同质化,那么这个划分就被认为是更好的选择。其中,纯度是用来衡量数据子集的同质性或纯净程度的指标。那么,采用什么方法能够更好地判断决策树划分的纯度?

熵(entropy)是信息论中的概念,表示一组数据的不确定性或混乱程度。在决策树中,熵越高,表示数据集中的类别分布越均匀,不确定性越大;熵越低,表示数据集中的类别分布越集中,不确定性越小。因此,熵可以用来衡量数据子集的纯度,作为特征选择的依据。熵的计算公式如下:

$$H(D) = -\sum_{k=1}^{n} p_k \log_2(p_k) \tag{7-3}$$

式中,$H(D)$为样本集合D的信息熵,p_k为样本属于类别k的概率。

熵往往用于选择最佳的特征和阈值来进行数据分割。在每个内部节点,算法会尝试不同的特征和阈值组合,计算分割后子集的熵,然后选择能够最大限度降低熵值的特征和阈值。这个过程不断重复,直到满足停止条件(例如,达到最大深度或子集不可分割为止),从而构建出一个能够高效分类数据的决策树模型。

决策树的模型结构清晰,容易理解和解释。决策树对异常值和缺失值具有一定的鲁棒性,不容易受到单个异常值的影响。另外,决策树能够处理非线性关系,无须对数据进行线性假设。但是它也存在一定的缺点,具体如下:

①决策树容易在训练数据上过拟合,导致在测试数据上泛化性能较差。可以通

过剪枝等方法来缓解过拟合。

②决策树对数据的小变化非常敏感,导致不稳定的模型。稍微不同的数据分割可能会导致不同的树结构。

③决策树采用贪心算法进行特征选择,可能导致局部最优解而非全局最优解。

④决策树对于连续特征的处理不如其他算法(如SVM)那么仔细全面。

⑤当类别分布不平衡时,决策树容易偏向于具有更多样本的类别。

⑥决策树可能无法捕捉复杂的特征关系,特别是需要高度非线性的问题。

7.1.5 朴素贝叶斯

朴素贝叶斯(naive Bayes,NB)是一种基于贝叶斯定理的统计分类方法,该定理描述了在已知先验概率和条件概率的情况下,如何计算后验概率,即给定特征条件下的类别概率。朴素贝叶斯分类器假设在给定类别的情况下,所有特征属性之间都是相互独立的,即样本属性独立性假设或"朴素假设"。换句话说,朴素贝叶斯认为每个特征对于分类的影响是相互独立的,特征之间没有关联或依赖关系,这个假设使得贝叶斯分类器的计算变得非常简单。但该方法的样本属性独立性假设在现实生活中难以实现,可以通过使用其他模型进行改进,这在一定程度上克服了朴素假设的限制。

朴素贝叶斯分类的计算过程涉及类别的先验概率和特征的条件概率,并使用贝叶斯定理计算后验概率,最终选择具有最高后验概率的类别作为预测结果。下面是朴素贝叶斯分类的计算过程。

设有样本数据集 $D=\{d_1,d_2,\cdots,d_n\}$,对应样本数据的特征属性集为 $X=\{x_1,x_2,\cdots,x_d\}$,类变量为 $Y=\{y_1,y_2,\cdots,y_m\}$,即 D 可以分为 y_m 类别。其中 $x_1,x_2,\cdots,x_d$ 相互独立且随机,则 Y 的先验概率为 $P_{prior}=P(Y)$,Y 的后验概率为 $P_{post}=P(Y|X)$。由朴素贝叶斯算法可得,后验概率为:

$$P(Y|X)=\frac{P(Y)P(X|Y)}{P(X)} \tag{7-4}$$

则后验概率最大的一类记为预测类别,即 $\arg\max P(Y|X)$。

朴素贝叶斯基于各特征之间相互独立,在给定类别 y 的情况下,将上式进一步表示为下式:

$$P(X|Y=y)=\prod_{i=1}^{d}P(x_i|Y=y) \tag{7-5}$$

由以上两式可以计算出后验概率为:

$$P_{\text{post}} = P(Y|X) = \frac{P(Y)\prod\limits_{i=1}^{d}P(x_i|Y)}{P(X)} \tag{7-6}$$

由于 $P(X)$ 的大小是固定不变的,因此在比较后验概率时,只需比较上式的分子部分即可。进而可以得到一个样本数据属于类别 y_i 的朴素贝叶斯计算公式:

$$P(y_i|x_1,x_2,\cdots,x_d) = \frac{P(y_i)\prod\limits_{j=1}^{d}P(x_j|y_i)}{\prod\limits_{j=1}^{d}P(x_j)} \tag{7-7}$$

于是,朴素贝叶斯分类器可表示为:

$$f(x) = \arg\max_{y_i} P(y_i|X) = \frac{P(y_i)\prod\limits_{j=1}^{d}P(x_j|y_i)}{\prod\limits_{j=1}^{d}P(x_j)} \tag{7-8}$$

在实际应用中,朴素贝叶斯分类器有以下三个常见类型。

①多项式朴素贝叶斯(multinomial naive Bayes),适用于文本分类等离散型数据,通常用于处理文档中的词频或词袋模型。

②伯努利朴素贝叶斯(Bernoulli naive Bayes),适用于二进制数据,通常用文本分类中的二值特征表示,如词是否出现在文档中。

③高斯朴素贝叶斯(Gaussian naive Bayes),适用于连续型数据,假设特征的分布服从高斯分布。

尽管朴素贝叶斯模型的特征属性独立性假设在实际情况中难以实现,但它在许多应用中仍然能够产生良好的分类结果。此外,朴素贝叶斯模型具有可解释性、易于理解和实现的优势,使其成为许多领域的有用工具。在实践中,可以根据具体问题选择合适的朴素贝叶斯变种(如多项式、伯努利或高斯朴素贝叶斯),以获得最佳性能。

7.1.6 人工神经网络

人工神经网络(artificial neural networks,ANNs)是一种强大的分类算法,它模拟生物神经系统的工作原理,是由多个神经元(节点)组成的层次结构。在分类任务中,神经网络的目标是学习从输入数据到类别标签的映射关系,以便对未知数据进行分类。若要深入学习神经网络的内容,涉及的知识非常多,限于篇幅,这里只做简单介绍。

神经网络中的每个神经元都类似于一个逻辑回归模型,神经元之间以某种方法连接起来,一个神经元的输出成为另一个神经元的输入,从而形成多层次的神经网络模型。在神经网络中,神经元分为输入层、多个隐藏层和输出层。如果有多个隐藏层,这些层次允许模型从简单到复杂的层次性特征提取,使其能够捕捉数据中高度抽象的特征,因而被称为深度学习。深度学习包括各种类型的深度神经网络,如卷积神经网络、循环神经网络、变换器等。

神经元模型是一个包含输入、输出与计算功能的模型。输入可以类比为神经元的树突,而输出可以类比为神经元的轴突,计算则可以类比为细胞核。

图7-4是一个典型的神经元模型,包含3个输入、1个输出,以及2个计算功能。

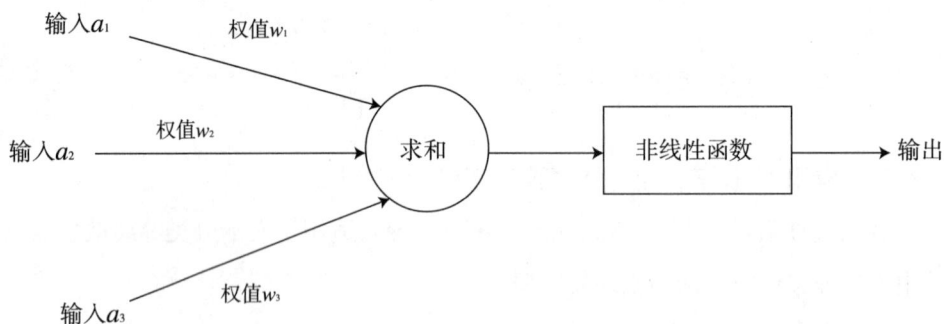

图7-4 神经元模型示意

注意中间的箭头线,这些线称为"连接",每个连接上面有一个"权值"。连接是神经元中最重要的东西,每个连接上都有一个权重。一个神经网络的训练算法就是让权重的值调整到最佳,以使得整个网络的预测效果最好。

我们用a来表示输入,用w来表示权值。一个表示连接的有向箭头可以这样理解:在初端,传递的信号大小仍然是a,端中间有加权参数w,经过加权的信号会变成aw。根据图7-4,总结神经元计算公式:

$$z = g(a_1 w_1 + a_2 w_2 + a_3 w_3) \tag{7-9}$$

神经网络有以下特点。

①设计一个神经网络时,输入层与输出层的节点数往往是固定的,中间层则可以自由指定。

②神经网络结构图中的拓扑与箭头代表着预测过程时数据的流向,跟训练时的数据流有一定的区别。

③结构图里的关键不是圆圈(代表"神经元"),而是连接线(代表"神经元"之间的连接)。每个连接线对应一个不同的权重(其值称为权值),这是需要训练得到的。

图7-5为神经网络示意图。

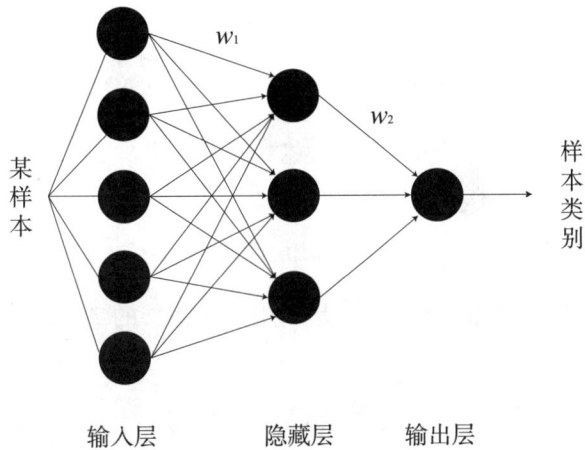

图7-5 神经网络示意

神经网络包括单层神经网络、两层神经网络和多层神经网络。这里重点介绍两层神经网络,因为正是在这时候,神经网络开始了大范围的推广与使用。图7-5是一个经典的两层神经网络。两层神经网络有三个层次,包括输入层、隐藏层、输出层。其中,隐藏层和输出层都是计算层。

（1）隐藏层计算

图7-6为隐藏层计算示意图。

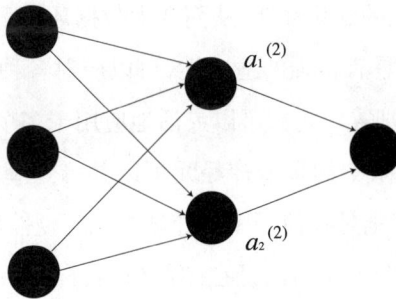

图7-6 隐藏层计算示意

根据图7-6,得出隐藏层计算公式:

$$a_1^{(2)} = g(a_1^{(1)}w_{1,1}^{(1)} + a_2^{(1)}w_{1,2}^{(1)} + a_3^{(1)}w_{1,3}^{(1)})$$
$$a_2^{(2)} = g(a_1^{(1)}w_{2,1}^{(1)} + a_2^{(1)}w_{2,2}^{(1)} + a_3^{(1)}w_{2,3}^{(1)})$$

(7-10)

（2）输出层计算

图7-7为输出层计算示意图。

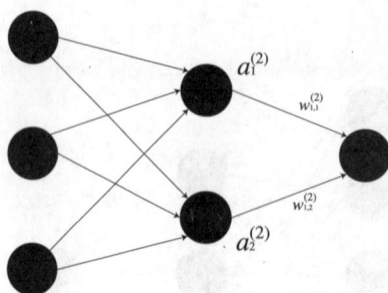

图 7-7　输出层计算示意

根据图 7-7，计算最终输出 z 的方式是利用了中间层的 $a_1^{(2)}$，$a_2^{(2)}$ 和第二个权值矩阵计算得到的，具体公式如下：

$$z = g(a_1^{(2)} w_{1,1}^{(2)} + a_2^{(2)} w_{1,2}^{(2)}) \tag{7-11}$$

神经网络在分类任务中具有许多优势。

①自动特征学习。神经网络能够自动识别和提取数据中的重要特征，而无须人为干预来进行特征工程。这减轻了特征工程的负担，使模型更具通用性，适用于不同类型的数据。

②非线性建模。神经网络能够捕捉复杂的非线性关系，这使得它们在处理复杂的数据模式和特征时表现出色。与传统的线性分类器相比，神经网络更能适应多种复杂的问题。

③大规模数据。神经网络通常需要对大规模数据集进行训练，但当有足够多的数据时，它们能够提供出色的泛化性能，从而在大数据环境下表现出色。

④适应性。神经网络具有很强的适应性，可以应对各种不同类型的问题，包括图像分类、文本分类、语音识别等。它们可以灵活地应用于多个领域。

⑤并行处理。神经网络中的多个神经元可以并行处理输入数据，这使得它们能够加速训练和推理过程，特别是在使用图形处理单元等硬件加速器时。

⑥深度学习的突破。深度学习已经在图像识别、自然语言处理、语音识别等领域取得了革命性的突破，并成为处理复杂任务的有力工具。

⑦迁移学习。神经网络可以通过迁移学习将在一个领域中学到的知识应用到另一个领域中，从而加速模型训练和提高性能。

然而，该方法需要大规模的数据和计算资源，训练时间较长，并且需要谨慎调整模型参数，方能实现最佳性能。该方法的优缺点见表 7-1。

表7-1 各种方法的优缺点

方法	优点	缺点
K-近邻算法	简单且易于实现	对大规模数据集计算量大,性能较差,且需要选择适当的*K*值
SVM	能高效处理高维数据,且可以通过不同的核函数应用于不同问题	不适合处理多类别问题的大数据集,且需要调整适当的参数
逻辑回归	简单,效率高,适用于大规模数据集	对非线性数据表现差,且容易受到特征相关性的影响
决策树	生成的模型可解释性强,无须特征缩放	容易过拟合,需要进行剪枝,且对数据中的小变化敏感
朴素贝叶斯	计算简单,适用于高维数据,且在小数据集上表现出色	特征独立性假设可能不符合实际情况,对特征之间的相关性敏感
人工神经网络	能够处理复杂的非线性关系,在大规模数据集上表现良好	需要大量数据来训练深层网络;难以解释模型的决策;需要调整适当的参数,训练时间较长

7.2 测试数据的判别分析示例

使用Python中的sklearn包所提供的聚类方法实现*K*-近邻算法、SVM、逻辑回归、决策树、朴素贝叶斯和神经网络,并进行对比。

首先,引入sklearn包,使用与之前一样的月牙形测试数据集。

```
import matplotlib.pyplot as plt
import numpy as np
import sklearn
import sklearn.datasets
# 设置np的输出设置,precision = 2 为保留两位小数点
np.set_printoptions(threshold = 10, precision = 2, suppress = True)
# 月牙形数据
X, Y = sklearn.datasets.make_moons(n_samples = 500, noise = 0.1, random_state = 3)
# 绘制原始数据的散点图,分别用圆形和三角形表示
plt.scatter(X[Y == 0, 0], X[Y == 0, 1], label = 'Class 0', marker = 'o')
plt.scatter(X[Y == 1, 0], X[Y == 1, 1], label = 'Class 1', marker = '^')
plt.legend(loc = 'best')
plt.show()
```

"np. set_printoptions"是NumPy中用于配置数组输出选项的函数。其中,threshold为控制何时数组将被截断以不超过给定的阈值,避免在控制台上输出大型数

组时过于冗长。"threshold ＝ 10"是指如果数组的大小超过 10，它将被截断并以(...)表示。这有助于在控制台上限制大型数组的输出。"precision ＝ 2"是指打印浮点数时，小数点后只保留两位小数。这可以提高打印的可读性，特别是在打印大量小数时。"suppress ＝ True"是指禁用科学计数法，以更直观的方式显示小数。

```
# 导入 KNN 模型工具包
from sklearn.neighbors import KNeighborsClassifier
# 设定模型参数
model = KNeighborsClassifier(n_neighbors = 100)
# 训练模型
model.fit(X, Y)
```

在以上代码中，KNeighborsClassifier 是 sklearn.neighbors 模块中的一个类，用于构建 K-近邻分类器的对象。参数 n_neighbors 指定了在进行分类时要考虑多少个最近的邻居数据点。在这里，它被设置为 100，意味着在分类时会考虑距离待分类数据点最近的 100 个样本。

在判别模型中，绘制模型决策边界是一种重要的可视化工具。它提供了一种直观的方式来理解和评估模型的分类能力，从而判断模型是否过拟合或欠拟合，调整模型参数；以及可视化分类结果，从而提高模型的可解释性和性能。

```
# 绘制模型决策边界
def testmodel(model):
    # 生成数据点铺满整个范围
    # 设置 x 和 y 的最小值和最大值，并在其基础上减1和加1，可以扩展坐标范围，确保
整个数据点分布都包括在网格中
    x_min, x_max = X[:, 0].min()-1, X[:, 0].max()+1
    y_min, y_max = X[:, 0].min()-1, X[:, 0].max()+1
    # np.meshgrid 函数生成两个二维数组 xx 和 yy，包含了从 x_min 到 x_max 和从 y_min
到 y_max 的均匀间隔的点。这些点将构成整个范围内的网格
    xx,yy = np.meshgrid(np.linspace(x_min,x_max,100),np.linspace(y_min,y_max,100))
    # 模型预测整个范围内的数据
    Z = model.predict(np.array([xx.reshape(1, -1)[0], yy.reshape(1,-1)[0]]). T)
    Z = Z.reshape(xx.shape)
    # 导入 ListedColormap 类用于创建颜色映射，用于绘制决策边界
    from matplotlib.colors import ListedColormap
    plt.figure(1, (8, 8))        # 创建 8×8 英寸的窗口
    # 绘制决策边界
    # #AAAAAA 表示深灰色，#EEEEEE 表示浅灰色
```

```
cmap_light = ListedColormap(['#AAAAAA', '#EEEEEE'])
plt.pcolormesh(xx, yy, Z, cmap = cmap_light)
# 绘制原始数据的散点图，一类用圆形，另一类用三角形
for i in range(2):
    marker = 'o' if i == 0 else '^'
    plt.scatter(X[Y == i, 0], X[Y == i, 1], label = f'Class {i}', marker = marker)
plt.legend(loc = 'best')
plt.show()
testmodel(model)
```

通过上述代码的计算，可得KNN模型判别结果，如图7-8所示。

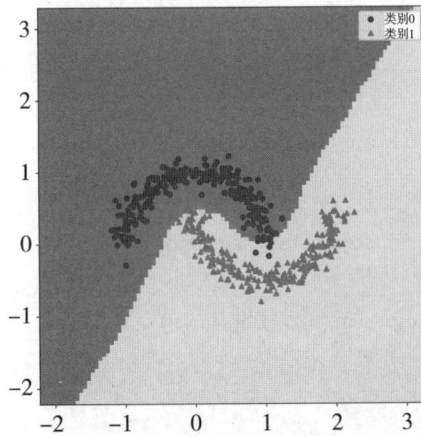

图7-8 KNN模型判别结果

以下对月牙形数据采用不同的分类模型训练，并绘制决策边界。

线性SVM代码：

```
# 线性SVM
from sklearn.svm import LinearSVC
# 设定SVM的参数，此时没有高斯核，因此只有C参数
model = LinearSVC(C = 1)
# 训练模型
model.fit(X, Y)
testmodel(model)
```

SVM代码：

```
# SVM
from sklearn.svm import SVC
```

```
# 设定 SVM 的参数
model = SVC(C = 1, gamma = 1000)
# 训练模型
model.fit(X, Y)
testmodel(model)
```

逻辑回归代码：

```
# 逻辑回归
from sklearn.linear_model import LogisticRegression
# 建立默认参数的逻辑回归模型
model = LogisticRegression()
# 训练模型
model.fit(X, Y)
testmodel(model)
```

决策树代码：

```
# 决策树
from sklearn.tree import DecisionTreeRegressor
# 设定决策树最大深度
model = DecisionTreeRegressor(max_depth = 8)
# 训练模型
model.fit(X, Y)
testmodel(model)
```

朴素贝叶斯代码：

```
# 朴素贝叶斯分类器
from sklearn.naive_bayes import GaussianNB
# 创建一个朴素贝叶斯分类器
model = GaussianNB()
# 训练模型
model.fit(X, Y)
testmodel(model)
```

神经网络代码：

```
# 神经网络
from sklearn.neural_network import MLPClassifier
# 建立默认参数的神经网络模型
model = MLPClassifier()
```

```
# 训练模型
model.fit(X, Y)
testmodel(model)
```

输出结果如图7-9所示。

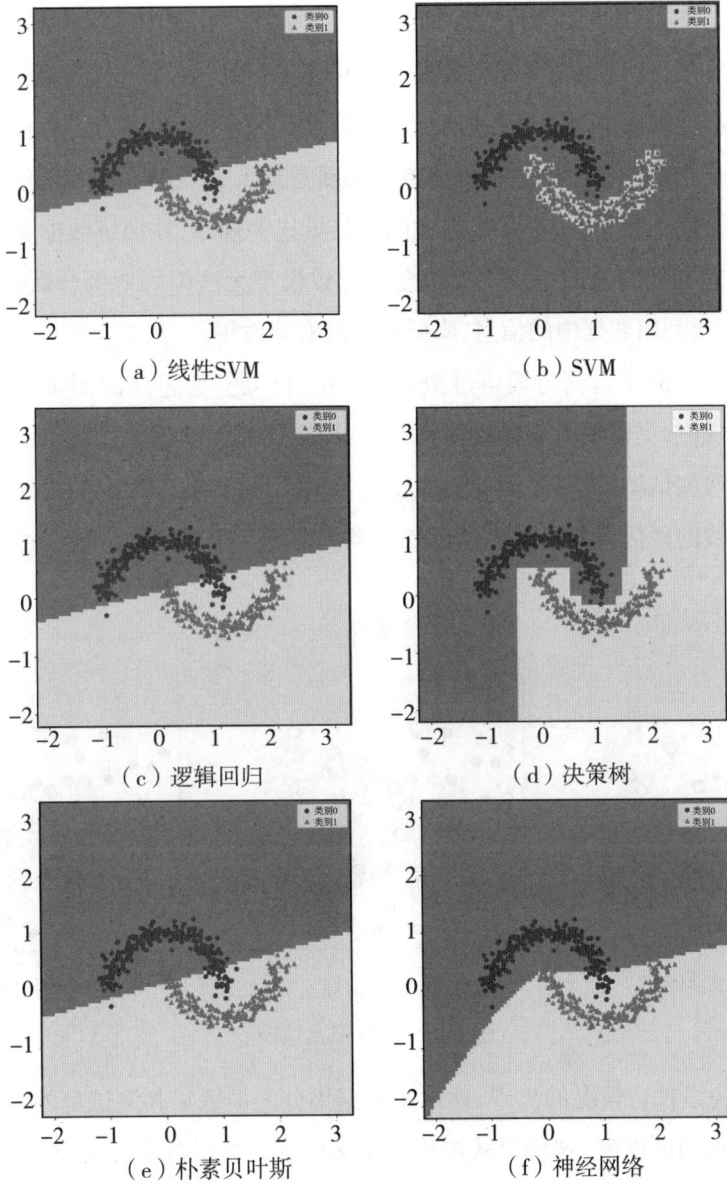

（a）线性SVM   （b）SVM

（c）逻辑回归   （d）决策树

（e）朴素贝叶斯   （f）神经网络

图7-9　各种方法的判别结果

7.3　数据集的划分与交叉验证

在学习交叉验证(cross-validation)之前,我们需要了解两个概念:一种叫"过拟合",另一种叫"欠拟合"。

过拟合是指机器学习模型在训练数据上表现出很高的性能,但在新数据上表现不佳的现象。它通常是因为模型在训练数据中学到了数据中的噪声和细节,而不是真正的模式和规律,导致模型在新数据上泛化能力不足,表现出高方差和低偏差的特点。过拟合会导致模型对噪声数据敏感,降低了模型的实用性和预测性能。

欠拟合是指机器学习模型在训练数据和新数据上表现都不佳的现象。它通常是因为模型复杂度不足,无法捕捉数据中的真实模式和规律,在训练数据和新数据上都表现出高偏差和低方差的特点。欠拟合会导致模型无法很好地拟合数据,预测能力较差,无法充分利用数据中的信息,降低模型的实际效用。

交叉验证有助于检测与缓解过拟合和欠拟合问题,通过多次测试模型在不同数据子集上的性能,提供更可靠的性能估计,从而改进模型的泛化能力。由于交叉验证的结果是多次测试的平均值,因此更加稳定、可靠。这有助于减少随机性或特定数据集分割而导致的评估误差。图7-10以二分类问题展示了欠拟合、正好、过拟合的三种情况。

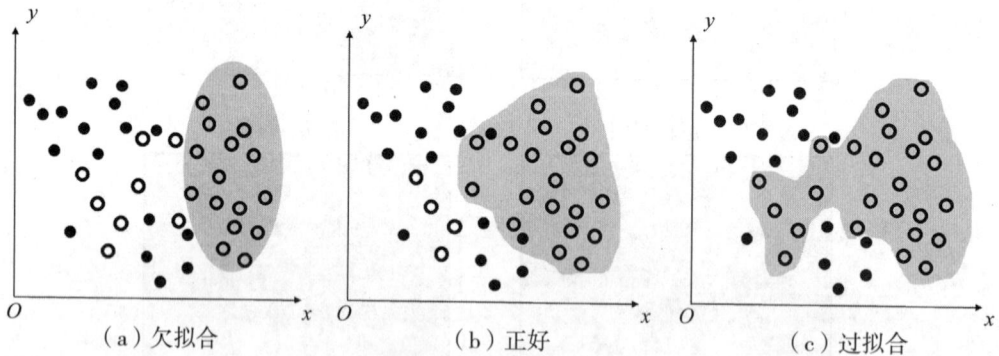

图7-10　三种拟合情况

为了避免过拟合情况的出现,通常将数据集分为训练集和测试集的多个子集,经过多次训练和测试模型,这种形式被称为交叉验证。常见的交叉验证方法有K折交叉验证(K-fold cross-validation)、留一交叉验证、分层K折交叉验证和时间序列交叉验证,通常采用K折交叉验证。K折交叉验证是将数据集分为K个子集,依次将每个子集作为测试集,其余子集作为训练集,重复K次,最后综合评估模型性能,以更准确地估计模型的泛化能力,特别适用于模型选择和性能评估。

以下是K折交叉验证的一般步骤。

①数据分割。将数据集划分为K个近似相等的子集,其中K通常为一个预先确定的数值,如5或10。这些子集通常称为"折"。

②模型训练与评估。进行K轮循环,每一轮选择其中一个折作为测试集,剩下的$K-1$个折作为训练集。使用训练集数据来训练模型,然后使用测试集数据来评估模型性能。

③性能度量。在每一轮中,计算模型的性能度量指标,如准确度、精确度、召回率、F1分数等,以评估模型在测试集上的性能。

④平均性能。完成K轮后,将K次性能度量的结果进行平均,得到模型的平均性能评估。

⑤参数调优。如果有需要,可以在每一轮中使用不同的参数配置来训练模型,以确定最佳参数设置。

K折交叉验证的主要优点在于充分利用了可用数据,通过多次不同的分割和测试,减小了模型性能评估的偏差。这有助于更好地估计模型在未见过数据上的性能,提高了泛化能力的可信度。它特别适用于小样本数据或在模型选择和超参数调整过程中,帮助选择性能最佳的模型。

7.4　数据判别分析案例

【案例7-1】

对21家破产的企业,收集它们在破产前两年的年度财务数据;同时,对25家财务良好的企业,也收集同一时期的数据。数据涉及以下四个变量:

$$x_1 = 现金流量/总债务$$
$$x_2 = 净收入/总资产$$
$$x_3 = 流动资产/流动债务$$
$$x_4 = 流动资产/净销售额$$

在表7-2中,组1为破产企业,组2为非破产企业。现有4家未判企业,置于表格最后,将使用以上判别方法,对这4家未判企业进行判别。

表7-2 年度财务数据

企业编号	组别	x_1	x_2	x_3	x_4
1	1	−0.45	−0.41	1.09	0.45
2	1	−0.56	−0.31	1.51	0.16
3	1	0.06	0.02	1.01	0.40
4	1	−0.07	−0.09	1.45	0.26
5	1	−0.10	−0.09	1.56	0.67
6	1	−0.14	−0.07	0.71	0.28
7	1	0.04	0.01	1.50	0.71
8	1	−0.07	−0.06	1.37	0.40
9	1	0.07	−0.01	1.37	0.34
10	1	−0.14	−0.14	1.42	0.43
11	1	−0.23	−0.30	0.33	0.18
12	1	0.07	0.02	1.31	0.25
13	1	0.01	0.00	2.15	0.70
14	1	−0.28	−0.23	1.19	0.66
15	1	0.15	0.05	1.88	0.27
16	1	0.37	0.11	1.99	0.38
17	1	−0.08	−0.08	1.51	0.42
18	1	0.05	0.03	1.68	0.95
19	1	0.01	0.00	1.26	0.60
20	1	0.12	0.11	1.14	0.17
21	1	−0.28	−0.27	1.27	0.51
22	2	0.51	0.10	2.49	0.54
23	2	0.08	0.02	2.01	0.53
24	2	0.38	0.11	3.27	0.35
25	2	0.19	0.05	2.25	0.33
26	2	0.32	0.07	4.24	0.63
27	2	0.31	0.05	4.45	0.69
28	2	0.12	0.05	2.52	0.69
29	2	−0.02	0.02	2.05	0.35
30	2	0.22	0.08	2.35	0.40
31	2	0.17	0.07	1.80	0.52
32	2	0.15	0.05	2.17	0.55
33	2	−0.10	−0.01	2.50	0.58

续表

企业编号	组别	x_1	x_2	x_3	x_4
34	2	0.14	-0.03	0.46	0.26
35	2	0.14	0.07	2.61	0.52
36	2	0.15	0.06	2.23	0.56
37	2	0.16	0.05	2.31	0.20
38	2	0.29	0.06	1.84	0.38
39	2	0.54	0.11	2.33	0.48
40	2	-0.33	-0.09	3.01	0.47
41	2	0.48	0.09	1.24	0.18
42	2	0.56	0.11	4.29	0.44
43	2	0.20	0.08	1.99	0.30
44	2	0.47	0.14	2.92	0.45
45	2	0.17	0.04	2.45	0.14
46	2	0.58	0.04	5.06	0.13
47	未判	-0.16	-0.10	1.45	0.51
48	未判	0.41	0.12	2.01	0.39
49	未判	0.13	-0.09	1.26	0.34
50	未判	0.37	0.08	3.65	0.43

【K-近邻算法代码】

```
# 导入必要的库
import pandas as pd
from sklearn.model_selection import cross_val_predict
from sklearn.metrics import accuracy_score
# 导入数据
data = pd.read_excel(r'C:\ Desktop\distinguish.xlsx')
# 选择训练数据
X_train = data.iloc[0:46, 2:6].values        # 第3到第6列为特征数据
Y_train = data.iloc[0:46, 1].values          # 第2列为类别数据
# 测试数据
X_test = data.iloc[46:50, 2:6].values         # KNN
from sklearn.neighbors import KNeighborsClassifier
model = KNeighborsClassifier(n_neighbors = 5)   # 参数设置为5
# 训练模型
model.fit(X_train, Y_train)
# 运用交叉验证
```

```
cross_val_predictions = cross_val_predict(model, X_train, Y_train, cv = 5)
# 得出训练样本交叉验证的准确率
accuracy = accuracy_score(Y_train, cross_val_predictions)
print("交叉验证的准确率:", accuracy*100)
# 对测试数据进行预测
Y_pred = model.predict(X_test)
print("测试数据预测类别:", Y_pred)
```

在上述交叉验证代码中,cross_val_predict 函数使用了 5 折交叉验证(cv = 5),即数据被分成 5 份,模型会进行 5 次训练和验证,每次使用其中 4 份作为训练集,剩余 1 份作为验证集,然后计算验证集的性能指标。最后,这些性能指标会被汇总,以得到最终的交叉验证性能评估。这个过程有助于更全面地评估模型的性能,减少对特定数据划分的依赖,提高模型的鲁棒性。

上述代码输出的具体情况如下:

```
交叉验证的准确率: 89.13043478260869
测试数据预测类别: [1. 2. 1. 2.]
```

【线性 SVM】

```
# 线性 SVM
from sklearn.svm import LinearSVC
from sklearn.model_selection import GridSearchCV
# 定义 C 值的候选范围
param_grid = {'C': [0.01, 0.1, 1, 10, 100]}
# 创建 SVM 模型
Model_1 = LinearSVC()
# 执行网格搜索
grid_search = GridSearchCV(model_1, param_grid, cv = 5)
grid_search.fit(X_train, Y_train)
# 获取最佳 C 值
best_C = grid_search.best_params_['C']
# 使用最佳 C 值创建模型
model = LinearSVC(C = best_C)
model.fit(X_train, Y_train)
```

输出:

```
交叉验证的准确率: 91.30434782608695
测试数据预测类别: [1. 2. 1. 2.]
```

【SVM】

```
from sklearn.svm import SVC
from sklearn.model_selection import GridSearchCV
# SVM
SVM = SVC()
# 设置参数网格
param_grid = {'C': [0.1, 1, 10], 'gamma': [1, 0.1, 0.01]}
# 创建 GridSearchCV 对象
grid_search = GridSearchCV(SVM, param_grid, cv = 5)
# 执行网格搜索
grid_search.fit(X_train, Y_train)
# 打印最佳参数
print("最佳参数组合:", grid_search.best_params_)
# 使用最佳参数训练模型
model = SVC(C = grid_search. best_params_['C'], gamma = grid_search. best_params_
['gamma'])
model.fit(X_train, Y_train)
```

输出：

```
最佳参数组合: {'C': 10, 'gamma': 1}
交叉验证的准确率: 91.30434782608695
测试数据预测类别: [1. 2. 1. 2.]
```

在线性 SVM 和 SVM 代码中，均运用了网格搜索（grid search）和交叉验证，这是常用的寻找最佳参数组合的方法。可以通过指定一系列候选的 C 和 gamma 值，然后通过交叉验证来评估它们的性能。在"param_grid = {'C': [0.1, 1, 10], 'gamma': [1, 0.1, 0.01]}"代码中，param_grid 是一个字典，其中包含要在网格搜索中搜索的参数和它们的可能取值。在该代码中，param_grid 定义了不同的 C 和 gamma 值的组合，以便 GridSearchCV 在这些值之间搜索，找到最佳的参数组合，从而优化 SVM 模型的性能。

【逻辑回归】

```
# 逻辑回归
from sklearn.linear_model import LogisticRegression
model = LogisticRegression()
# 训练模型
model.fit(X_train, Y_train)
```

输出:

交叉验证的准确率: 89.13043478260869
测试数据预测类别: [1. 2. 1. 2.]

【决策树】

```
# 决策树
from sklearn.tree import DecisionTreeClassifier        # 使用分类树
depths = [2, 4, 6, 8, 10]                               # 不同的深度值
scores = []
for depth in depths:
    model = DecisionTreeClassifier(max_depth = depth)    # 使用分类树
    score = np.mean(cross_val_predict(model, X_train, Y_train, cv = 5))
    scores.append(score)
best_depth = depths[np.argmax(scores)]                  # 选择具有最高分数的深度
model = DecisionTreeClassifier(max_depth = best_depth)  # 使用分类树
# 训练模型
model.fit(X_train, Y_train)
```

输出:

交叉验证的准确率: 86.95652173913044
测试数据预测类别: [1. 2. 1. 2.]

上述代码的目标是找到最佳的决策树深度,以提高模型的性能。使用不同的深度值(2, 4, 6, 8, 10)迭代创建分类决策树(DecisionTreeClassifier)模型,进行交叉验证,并计算每个深度值对应的平均得分。从scores中选择具有最高分数的深度,并将其用于创建一个新的分类决策树模型。对该模型进行训练,并在交叉验证下进行评估,以及在测试数据上进行预测。

【朴素贝叶斯】

```
# 朴素贝叶斯分类器
from sklearn.naive_bayes import GaussianNB
# 创建一个朴素贝叶斯分类器
model = GaussianNB()
# 训练模型
model.fit(X_train, Y_train)
```

输出:

交叉验证的准确率: 89.13043478260869
测试数据预测类别: [1. 2. 1. 2.]

【神经网络】

```
# 神经网络
from sklearn.neural_network import MLPClassifier
# 建立默认参数的神经网络模型
model = MLPClassifier()
# 训练模型
model.fit(X_train, Y_train)
```

输出:

交叉验证的准确率: 93.47826086956522
测试数据预测类别: [1. 2. 1. 2.]

图7-11给出了各种方法的准确率统计结果。

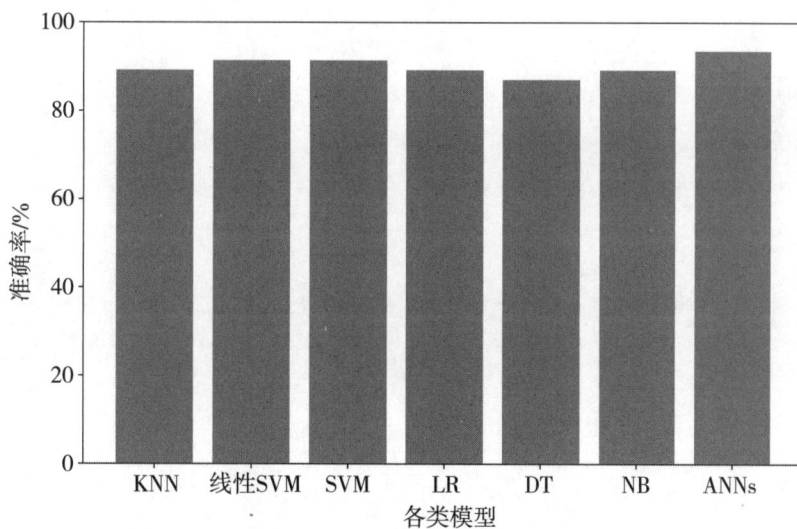

图7-11 各类模型的准确率对比

本章课件和
案例代码

119

第8章
数据可视化表达

利用人眼的感知能力对数据进行交互的可视表达以增强认知的技术,称为可视化。它将不可见或难以分析的数据转化为可感知的图形、符号、颜色、纹理等,以提高数据识别和信息传递的效率。本章介绍常见的二维、三维图形的选择和实现方法。

8.1　示例数据及软件基本绘图方法

8.1.1　示例数据

本章均以宁波市2012—2022年客货运量数据为基础,对其进行可视化操作。依据《宁波统计年鉴》及政府公开文件,获取宁波市2012—2022年货运量和客运量数据如表8-1、表8-2所示。

表8-1　宁波市2012—2022年客货运量

年份	货运量/万吨	客运量/万人
2012	32616	28053
2013	35409	24793
2014	40407	16508
2015	42083	14230
2016	46258	10450
2017	52520	10609
2018	61454	10965
2019	68407	11451
2020	71898	7513
2021	78747	7169
2022	80100	4822

表8-2　宁波市2012—2022年四种运输方式客运量

年份	铁路客运量/万人	公路客运量/万人	水路客运量/万人	航空客运量/万人
2012	1119	26285	123	527
2013	1273	22850	124	546
2014	3556	12144	171	636
2015	3954	9430	160	685
2016	4687	4813	170	779
2017	5183	4302	185	939
2018	5745	3858	190	1172
2019	6198	3829	183	1241
2020	4052	2426	138	897
2021	4621	1427	175	946
2022	2964	1105	139	617

8.1.2 软件基本绘图方法

这里介绍 Excel 和 Python 两种软件的绘图。

（1）Excel绘图

在 Excel 中，我们该如何将复杂的表格转化为更清晰的图呢？具体步骤如图 8-1 至图 8-4 所示。

①选中表格，点击工具栏中的"插入"，在图标栏选择合适的图表插入。

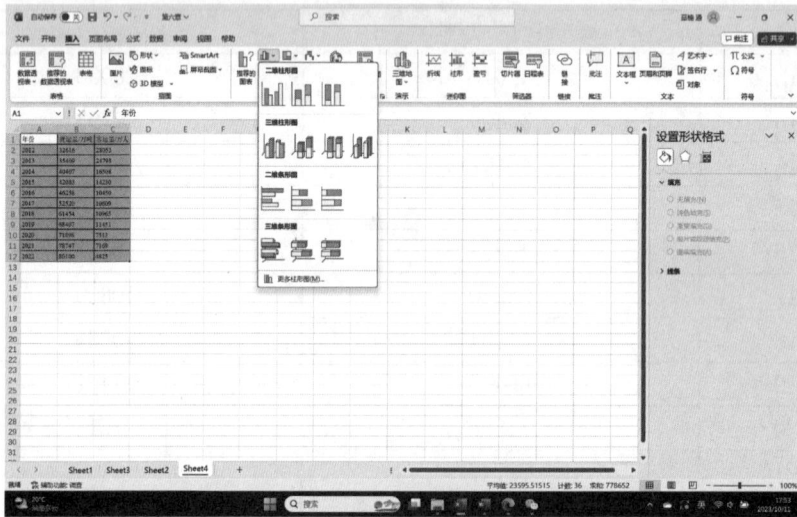

图8-1　直接插入图表操作示例

②也可以点击图标栏右下方的箭头，在弹出的选项栏选择需要的图表。

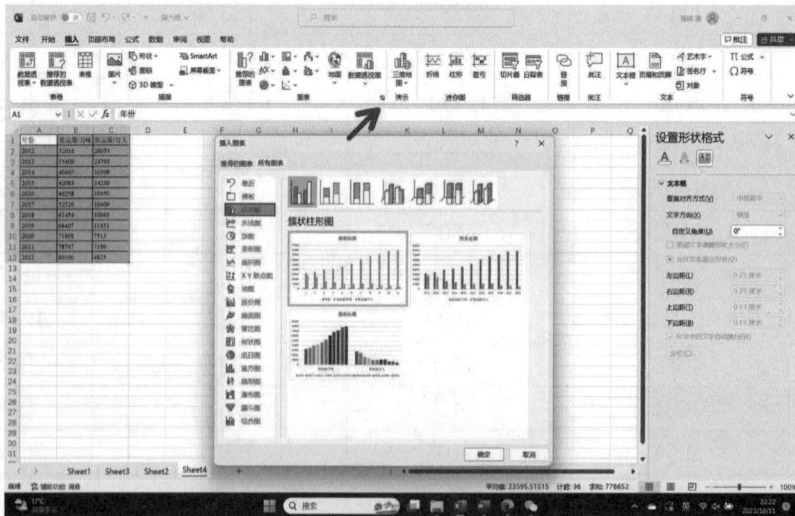

图8-2　选项栏插入图表操作示例

③插入图表后,选中图表,点击图表右侧的"＋",对图表元素进行调整,包括图表基本的坐标轴及其标题、图表标题、图例等元素。同时,对于具体的元素进行细节上的调整,可通过右侧的"设置图表区格式"对图表及文本进行修改。

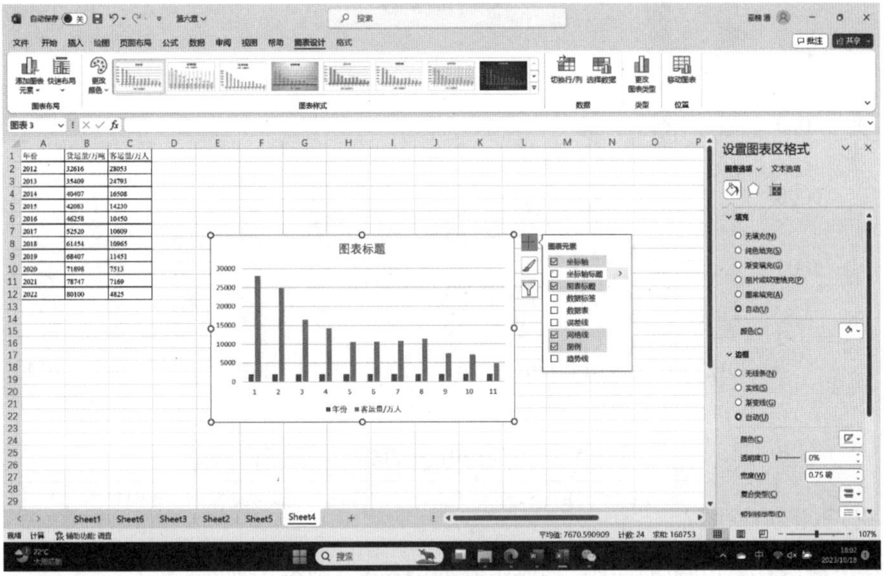

图8-3 图表元素调整方法1

④还可点击工具栏中的"图表设计",选择"添加图表元素"对图表元素进行调整。

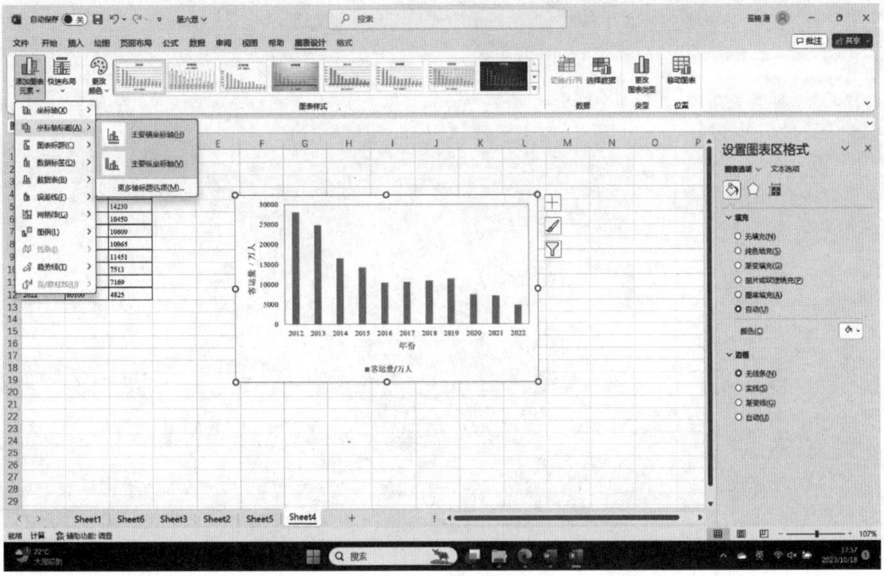

图8-4 图表元素调整方法2

⑤最终形成的图表如图8-5所示(这里以柱形图为例)。

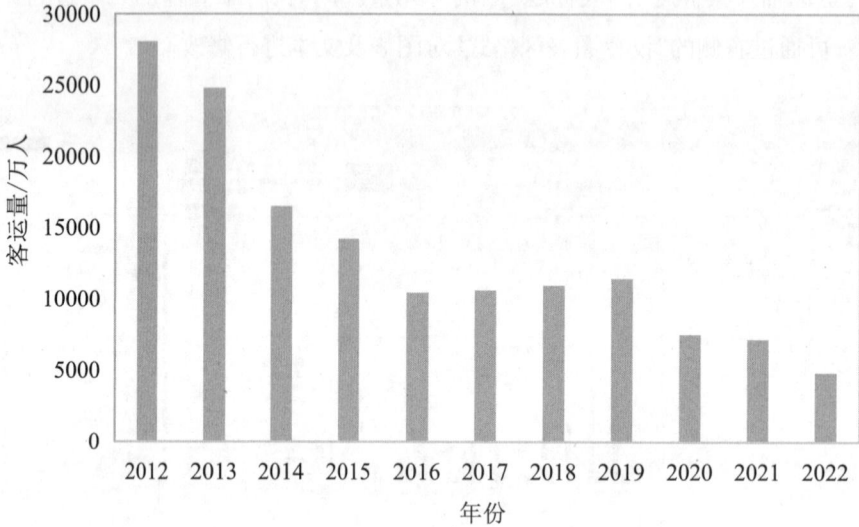

图8-5 宁波市2012—2022年客运量

(2)Python绘图

接下来介绍Python的绘图,具体步骤如图8-6至图8-10所示。

①打开Pycharm软件新建一个Python文件。

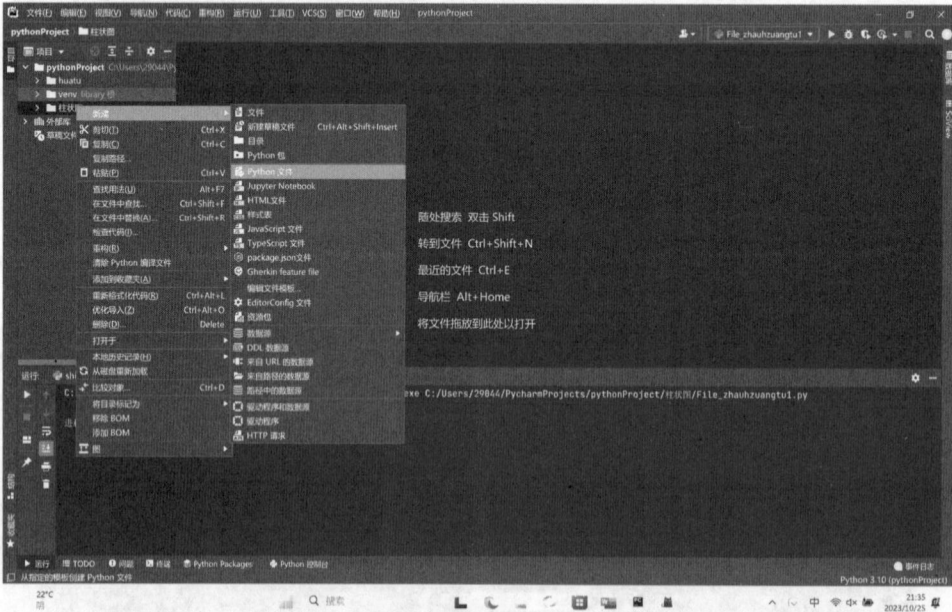

图8-6 打开Pycharm软件并创建Python文件

②在创建的 Python 文件中，输入代码绘制图像。

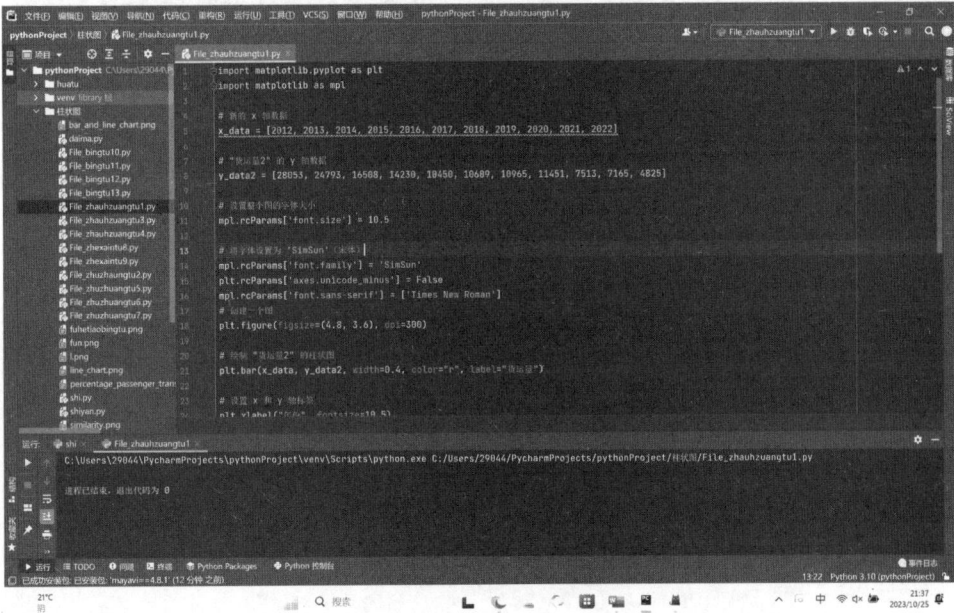

图8-7 输入代码

③一般有以下两种方式运行代码。

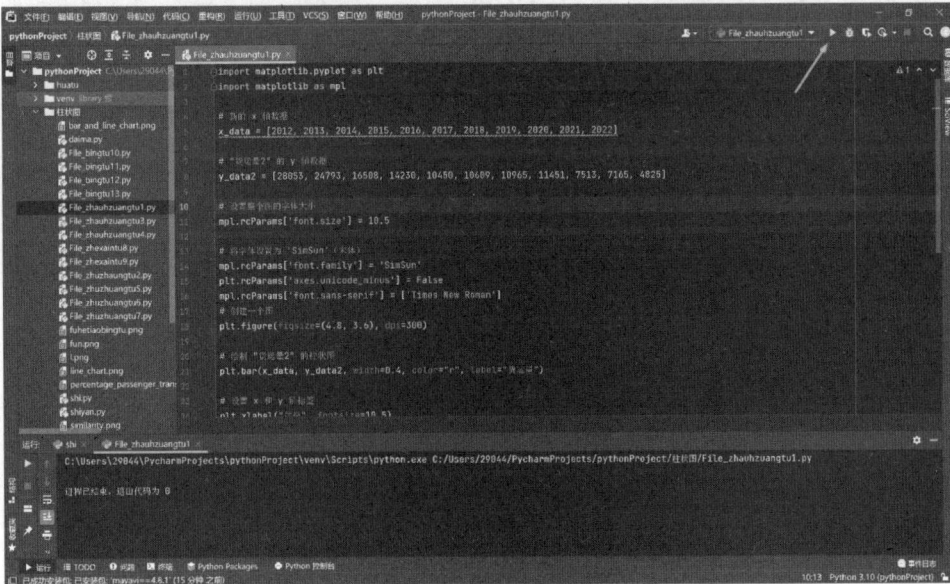

图8-8 运行代码方式1

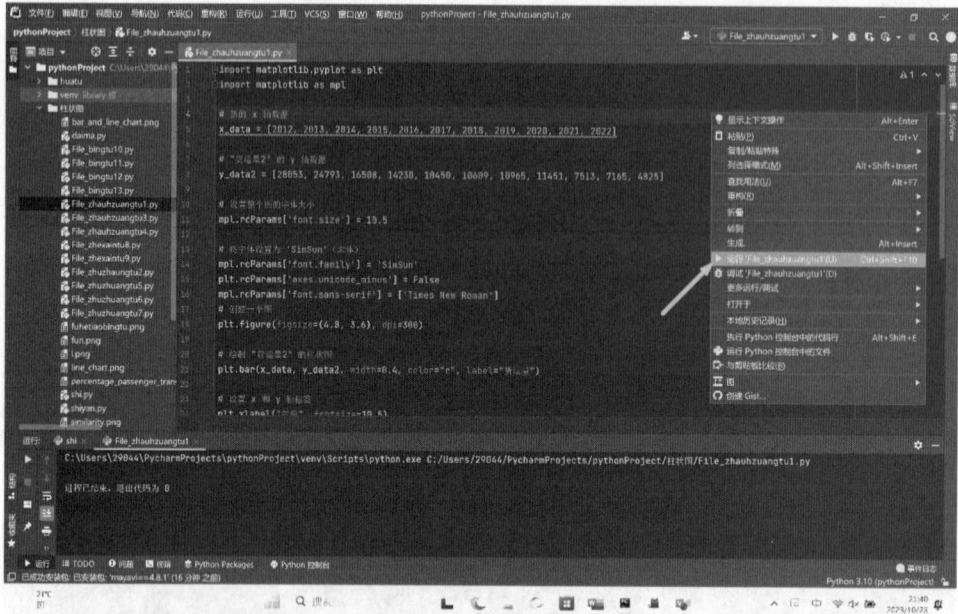

图8-9　运行代码方式2

④在代码中,我们已将图像保存为png文件,可在Pycharm中直接查看。

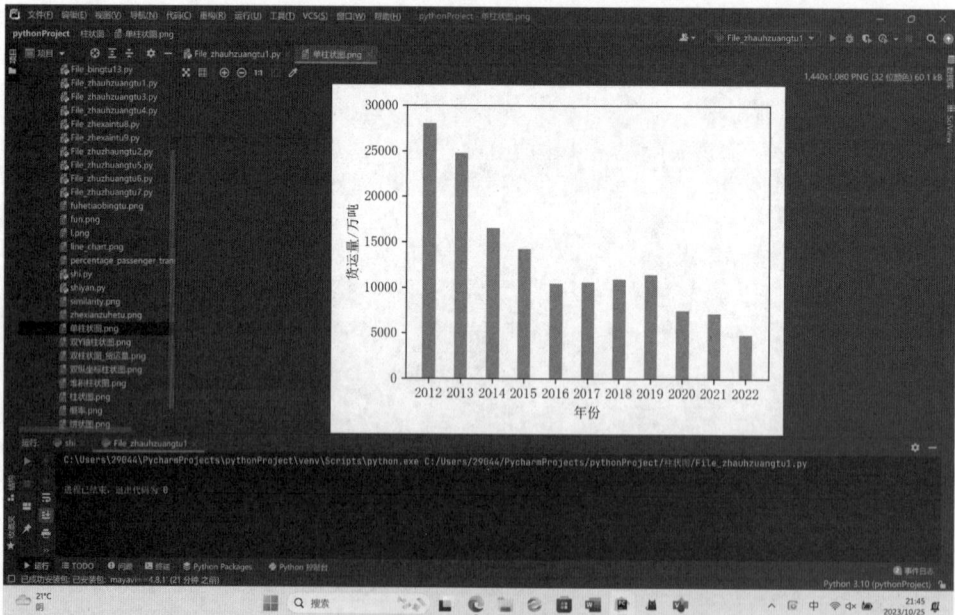

图8-10　绘制图像

⑤最终形成的图表如图8-11所示(这里以柱形图为例)。

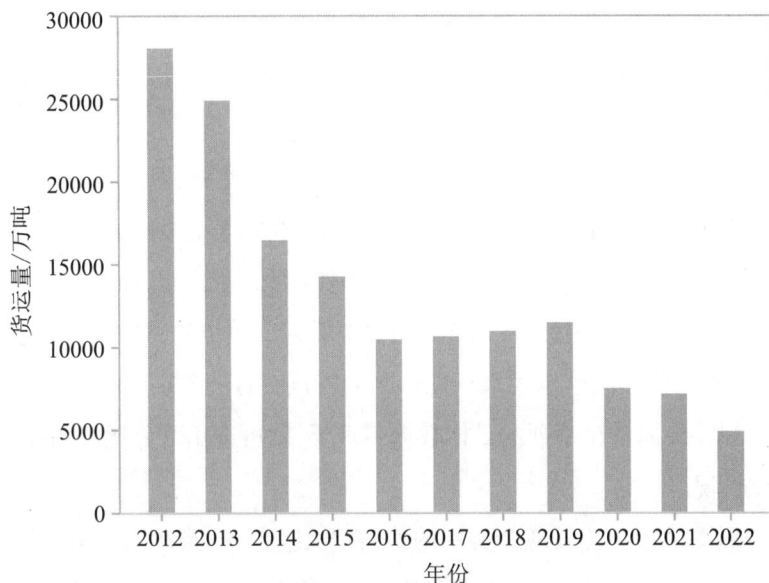

图8-11 柱形图示例

8.2 柱形图和条形图

柱形图又称长条图,是以宽度相等的条形高度或长度的差异来显示统计指标数值多少或大小的一种图形。柱形图用于显示一段时间内的数据变化或显示各项之间的比较情况。

人类肉眼对高度差异很敏感。由于柱形图非常容易解读,因而成为一种常用的统计图形。它适用于分析分类数据字段或者连续的数据字段,利用柱子的高度反映数据的数值差异以及分析对比组内各项数据。柱形图的局限在于只适用于中小规模的数据集。

条形图用于显示各项目之间数据的差异,它与柱形图具有相同的表现目的,并在数据表现形式上基本一致,也就是说条形图与柱形图是可以相互转换的,如果一组数据能以条形图的形式被清晰地展现出差异,那它也能以柱形图的形式进行展示。尽管如此,两者仍存在差别:柱形图是在水平方向上依次展示数据,条形图是在垂直方向上依次展示数据。

条形图描述了各项目之间的差别情况。分类项垂直表示,数值水平表示。这样可以突出数值的比较,而淡化随时间的变化。它常应用于轴标签过长的图表的绘制,以免出现柱形图中对长分类标签省略的情况。

根据8.1.1示例数据展示的两个表格,绘制柱形图与条形图,其中柱形图包括簇状柱形图、双纵坐标柱形图、堆积柱形图与百分比堆积柱形图;条形图包括簇状条形图、百分比堆积条形图。

簇状柱形图根据柱子的长短比较各数据量之间的差异;双纵坐标柱形图适用于不同数据类型的数据大小相差很大,某一数据系列在图表上显示得很小的情形,此时该图表类型便能最大限度地发挥其特点;堆积柱形图不仅可以直观地看出每个系列的值,还能够反映出系列的总和,尤其是当需要看某一单位的总和以及各系列值的比重时;百分比堆积柱形图继承了堆积柱形图的特点,适用于展示比例信息,不展示具体的数值。如果纵向各个系列的具体数据不重要,就可选用百分比堆积柱形图,以反映整体占比情况。

簇状条形图适用于比较各个类别的值;百分比堆积条形图与百分比堆积柱形图类似,比较各个类别的每一数值所占总数值的百分比大小。以下选取不同运输方式的客运量进行绘制,侧重于反映比例信息而不是具体的数值。

8.2.1 Excel绘图

具体图形见图8-12至图8-17。

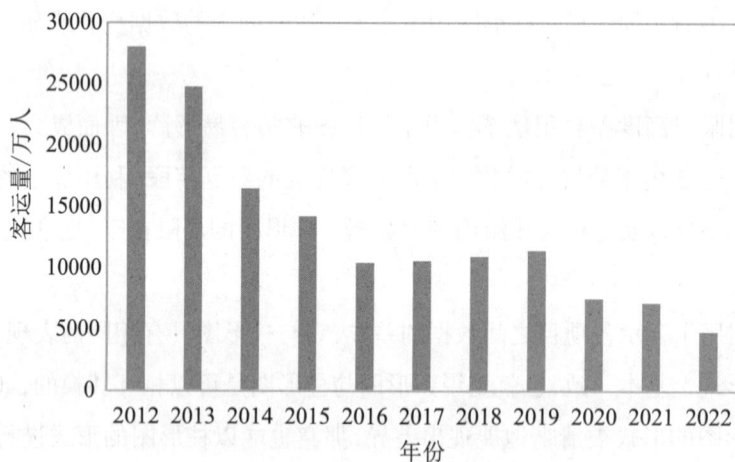

图8-12 簇状柱形图示例

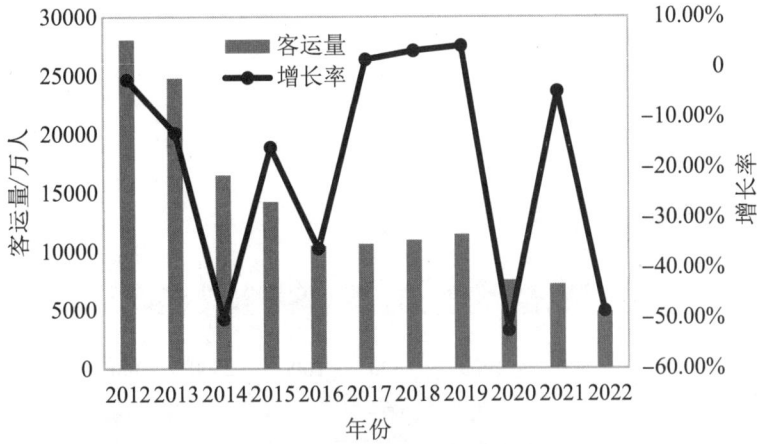

图8-13　双纵坐标柱形图示例

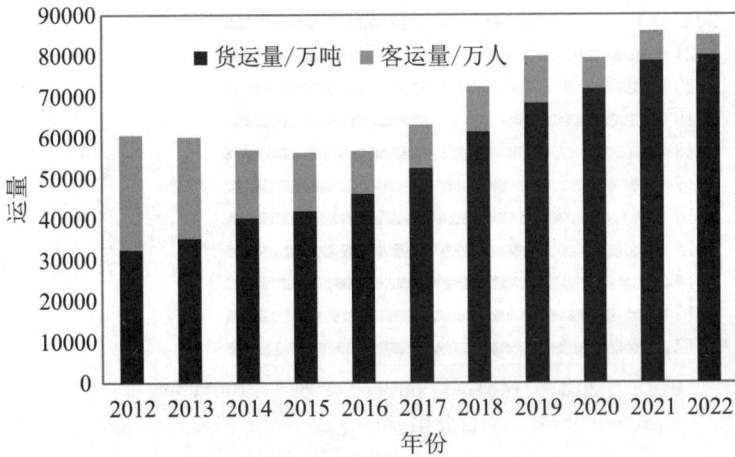

图8-14　堆积柱形图示例

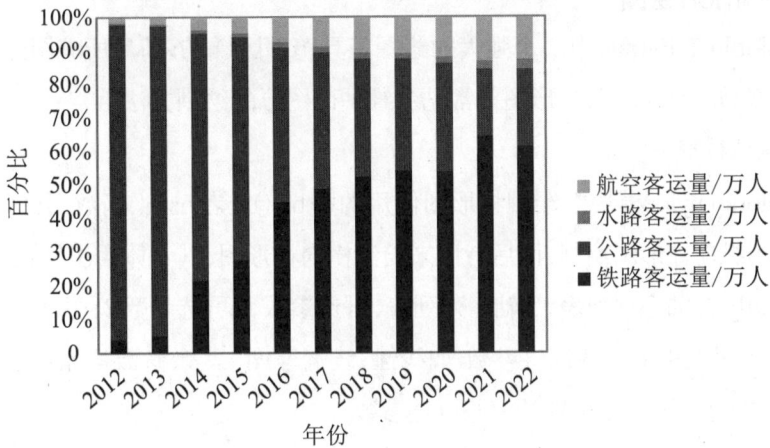

图8-15　百分比堆积柱形图示例

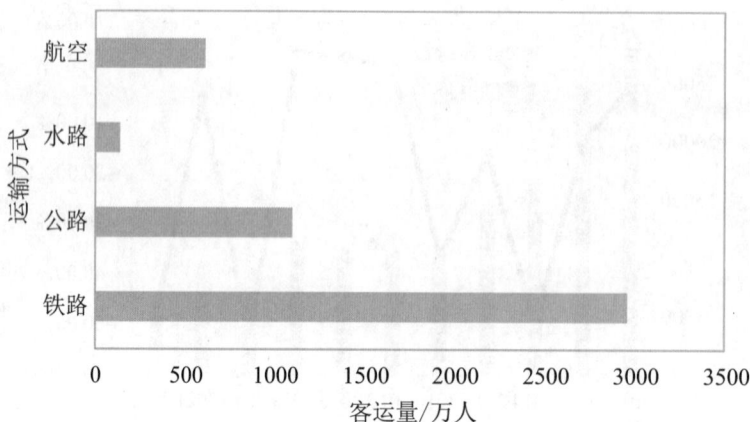

图8-16　簇状条形图示例

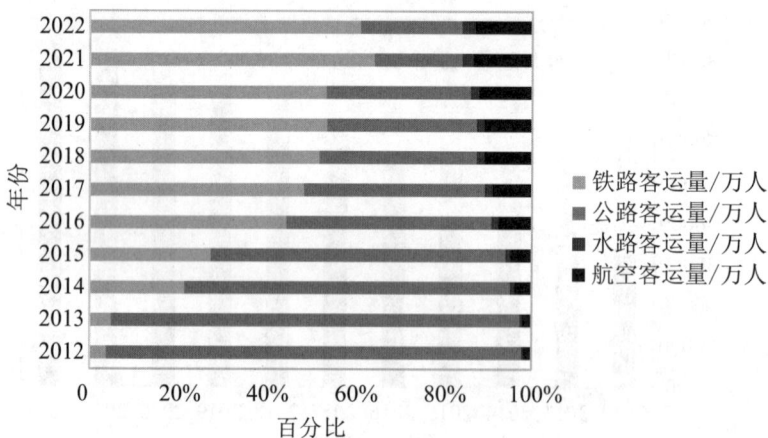

图8-17　百分比堆积条形图示例

8.2.2　Python绘图

Matplotlib是Python中一个强大的绘图工具箱,几乎能够满足所有图形绘制的需求,这里主要介绍折线图、柱形图等常见二维平面图形的绘制方法。

(1)簇状柱形图

Matplotlib.pylot模块中绘制柱形图使用的是bar()或者barh()函数,其区别有在于前者使用于纵向柱形图绘制,而后者用来绘制横向柱形图,其具体语法格式如下:

Plt.bar(h)(X轴序列列表,Y轴序列列表,可选参数1,可选参数2,…,可选参数n)

除plot()函数中的一些属性参数(如线性、线宽等)外,其余参数均能在柱形图中使用。表8-3中显示了bar()函数的一些可选参数。

表8-3 bar()函数可选参数示例

参数名	功能
height	柱子的高度,通常也是一个可迭代对象,表示每个柱子的高度值
width	柱子的宽度
bottom	柱子的底部位置,可用于堆叠柱形图
align	柱子的对齐方式,通常可选值包括 'center''edge' 等
color	柱子的颜色
label	用于标记柱子的标签,通常用于图例
edgecolor	指定柱子的边界颜色
linewidth	指定柱子的边界线宽度
alpha	指定柱子的透明度
orientation	用于水平柱形图的方向('horizontal' 或 'vertical')
tick_label	用于指定柱形图的刻度标签
log	用于指定是否对柱子的高度进行对数缩放

以下代码绘制了簇状柱形图。

```
import matplotlib.pyplot as plt
import matplotlib as mpl
# 新的 x 轴数据
x_data = [2012, 2013, 2014, 2015, 2016, 2017, 2018, 2019, 2020, 2021, 2022]
# "货运量" 的 y 轴数据
y_data2 = [28053, 24793, 16508, 14230, 10450, 10609, 10965, 11451, 7513, 7169,
4822]
# 设置整个图的字体大小
mpl.rcParams['font.size'] = 10.5
# 将字体设置为 'SimSun'(宋体)
mpl.rcParams['font.family'] = 'SimSun'
plt.rcParams['axes.unicode_minus'] = False
mpl.rcParams['font.sans-serif'] = ['Times New Roman']
# 创建一个图
plt.figure(figsize = (4.8, 3.6), dpi = 300)
# 绘制 "货运量" 的柱形图
plt.bar(x_data, y_data2, width = 0.4, color = "r", label = "货运量")
# 设置 x 和 y 轴标签
plt.xlabel("年份", fontsize = 10.5)
```

```
plt.ylabel("货运量/万吨", fontsize = 10.5)
# 显示图例并将其略微向左移动
plt.legend(loc = 'upper right', bbox_to_anchor = (0.95, 0.95))
# 设置 x 轴刻度位置和标签, 以显示每年
plt.xticks(x_data, x_data)
# 设置 y 轴数值最大为 30000
plt.ylim(0, 30000)
plt.tight_layout()
# 保存图片并显示
plt.savefig("单柱形图 .png", dpi = 300)
plt.show()
```

上述代码运行结果如图8-18所示。

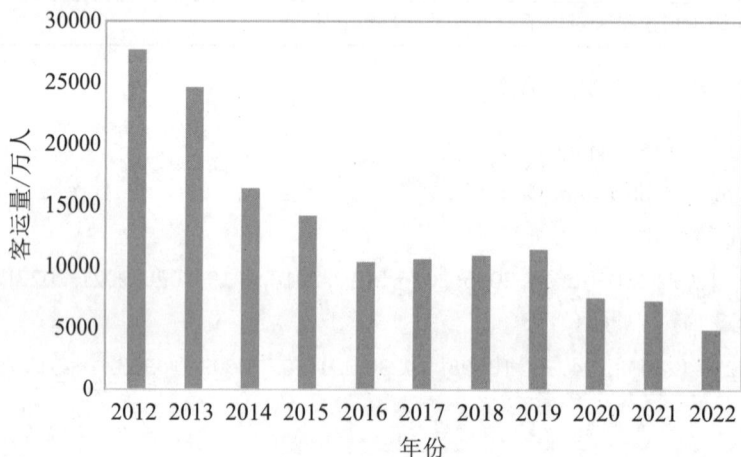

图8-18　簇状柱形图示例

(2)双纵坐标柱形图

有时需要在图形中同时显示横轴的多个取值在不同时间点的情况, 则可以使用 bar()绘制多数据列柱形图。以下代码绘制了多数据列柱形图。

```
import matplotlib.pyplot as plt
import matplotlib as mpl
# 数据
similarity = [32616, 35409, 40407, 42083, 46258, 52520, 61454, 68407, 71898, 78747]
divergence = [28053, 24793, 16508, 14230, 10450, 10609, 10965, 11451, 7513, 7169]
# 新的横坐标(年份)
```

```
years = [2012, 2013, 2014, 2015, 2016, 2017, 2018, 2019, 2020, 2021]
mpl.rcParams['font.size'] = 10.5
labels = ['Random PPO', 'Replicating model', 'Baseline', 'Label4', 'Label5', 'Label6',
'Label7', 'Label8', 'Label9', 'Label10']
mpl.rcParams['font.family'] = 'SimSun'
plt.rcParams['axes.unicode_minus'] = False
# 在柱形上方添加数据标签
# 设置柱形的间隔
width = 0.35                              # 柱形的宽度
x1_list = [i for i in range(len(similarity))]
x2_list = [i + width for i in range(len(similarity))]
# 创建图层
fig, ax1 = plt.subplots()
# 设置左侧y轴对应的figure
ax1.set_ylabel('货运量/万吨')
ax1.set_ylim(0, 80000)
ax1.bar(x1_list, similarity, width = width, color = 'black', align = 'center')
# 设置x轴刻度和标签
ax1.set_xticks([(x1 + x2) / 2 for x1, x2 in zip(x1_list, x2_list)])
ax1.set_xticklabels(years)
# 设置右侧y轴对应的figure
ax2 = ax1.twinx()
ax2.set_ylabel('客运量/万人')
ax2.set_ylim(0, 30000)
ax2.bar(x2_list, divergence, width = width, color = 'gray', label = '客运量')
# 添加独立的图例,并去掉图例的框
legend1 = ax1.legend(['货运量'], loc = 'upper right', frameon = False)
legend2 = ax2.legend(['客运量'], loc = 'upper right', frameon = False)
# 自定义调整图例位置
legend1.set_bbox_to_anchor((0.80, 0.99))
legend2.set_bbox_to_anchor((0.80, 0.95))
plt.tight_layout()
plt.savefig("similarity.png",dpi = 300)
plt.show()
```

上述代码的运行结果如图8-19所示。

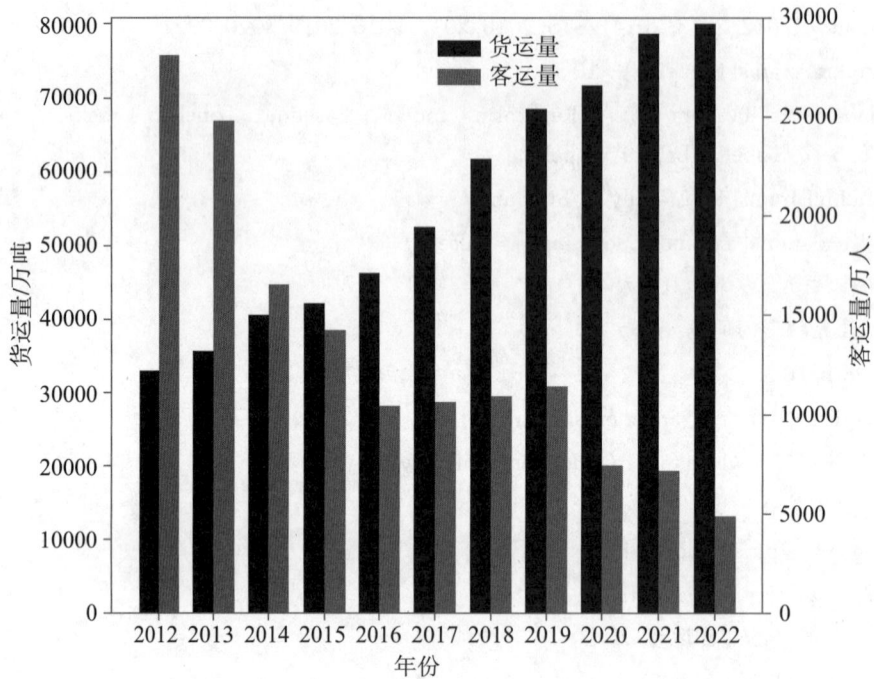

图8-19　双纵坐标柱形图示例

(3)堆积柱形图

如果将bar()中参数bottom的取值设定为列表y_data,使用列表y_data1代表另一个数,那么bar()将输出堆积柱形图。以下代码绘制了一个堆积柱形图。

```python
import matplotlib.pyplot as plt
import matplotlib as mpl
# 设置中文字体为 'SimSun'
mpl.rcParams['font.family'] = 'SimSun'
# 设置英文字体为 'Times New Roman'
mpl.rcParams['font.sans-serif'] = ['Times New Roman']
plt.rcParams['axes.unicode_minus'] = False
# 数据
x_data = [2012, 2013, 2014, 2015, 2016, 2017, 2018, 2019, 2020, 2021, 2022]
y_data1 = [32616, 35409, 40407, 42083, 46258, 52520, 61454, 68407, 71898, 78747, 80100]
y_data2 = [28053, 24793, 16508, 14230, 10450, 10609, 10965, 11451, 7513, 7169, 4822]
# 设置图片大小,单位为英寸,图片分辨率dpi为300
plt.figure(figsize = (4.8, 3), dpi = 300)
```

```
# 绘制图像
plt.bar(x_data, y_data1, width = 0.4, color = "black", label = "货运量")
plt.bar(x_data, y_data2, width = 0.4, bottom = y_data1, color = "lightgray", label = "客运量")
# 设置横纵坐标标题
plt.ylabel("运量", fontsize = 10.5)
plt.xlabel("年份", fontsize = 10.5)
plt.xticks(x_data, x_data)
plt.legend()
plt.tight_layout()
# 保存图片
plt.savefig("堆积柱形图 .png", dpi = 300)
plt.show()
```

上述代码的运行结果如图8-20所示。

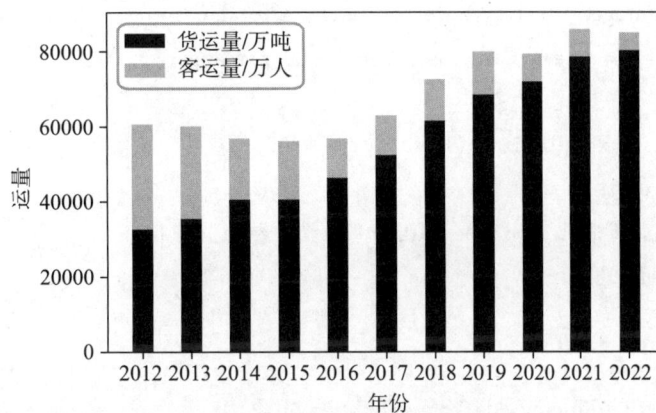

图 8-20　堆积柱形图示例

(4)百分比堆积柱形图

```
import matplotlib.pyplot as plt
import matplotlib as mpl
import numpy as np
from matplotlib.ticker import FuncFormatter  # 导入 FuncFormatter, 用于自定义坐标轴标签格式
# 设置字体
mpl.rcParams['font.family'] = 'SimSun'
mpl.rcParams['font.sans-serif'] = ['Times New Roman']
```

```
plt.rcParams['axes.unicode_minus'] = False
# 数据
years = [2012, 2013, 2014, 2015, 2016, 2017, 2018, 2019, 2020, 2021, 2022]
railway_passenger = [1119, 1273, 3556, 3954, 4687, 5183, 5745, 6198, 4052, 4621,
2964]
road_passenger = [26285, 22850, 12144, 9430, 4813, 4302, 3858, 3829, 2426, 1427,
1105]
water_passenger = [123, 124, 171, 160, 170, 185, 190, 183, 138, 175, 139]
air_passenger = [527, 546, 636, 685, 779, 939, 1172, 1241, 897, 946, 617]
# 计算每年的总客运量
total_passenger = np. array(railway_passenger) + np. array(road_passenger) + np. array
(water_passenger) + np.array(air_passenger)
# 计算百分比
railway_percentage = np.array(railway_passenger) / total_passenger * 100
road_percentage = np.array(road_passenger) / total_passenger * 100
water_percentage = np.array(water_passenger) / total_passenger * 100
air_percentage = np.array(air_passenger) / total_passenger * 100
# 创建图层
fig, ax = plt.subplots(figsize = (4.8, 2.6), dpi = 300)
# 设置图层属性
ax.set_ylabel('百分比', fontsize = 10.5)  # 设置字号为 10.5 pt
# 设置柱形图的宽度
width = 0.35
# 定义柱形颜色
colors = ['black', 'dimgray', 'darkgray', 'lightgray']
# 绘制柱形图,设置颜色
plt. bar(years, railway_percentage, width = width, label = '铁路客运量/万人', color =
colors[0])
plt. bar(years, road_percentage, width = width, label = '公路客运量/万人', bottom =
railway_percentage, color = colors[1])
plt. bar(years, water_percentage, width = width, label = '水路客运量/万人', bottom =
railway_percentage + road_percentage, color=colors[2])
plt. bar(years, air_percentage, width = width, label = '航空客运量/万人', bottom =
railway_percentage + road_percentage + water_percentage, color = colors[3])
# 设置 x 轴标签并旋转 45 度
ax.set_xticks(years)
```

```
ax.set_xticklabels(years, rotation = 45)
# 添加整数值的自定义纵坐标标签
def integer_formatter(x, pos):
    return f"{int(x)}%"
ax.yaxis.set_major_formatter(FuncFormatter(integer_formatter))
# 显示图例,将图例放置在图片的右上角外部并去掉图例边框
legend = plt.legend(loc = 'upper left', bbox_to_anchor = (1, 0.75), frameon = False,
fontsize = 8)
ax.set_xticklabels(years, rotation = 45, fontsize = 10.5)
ax.yaxis.set_tick_params(labelsize = 10.5)
# 保存图片并显示
plt.tight_layout()
# bbox_inches = 'tight'确保保存整个图像
plt.savefig("百分比堆积柱形图.png", bbox_inches = 'tight')
plt.show()
```

上述代码的运行结果如图8-21所示。

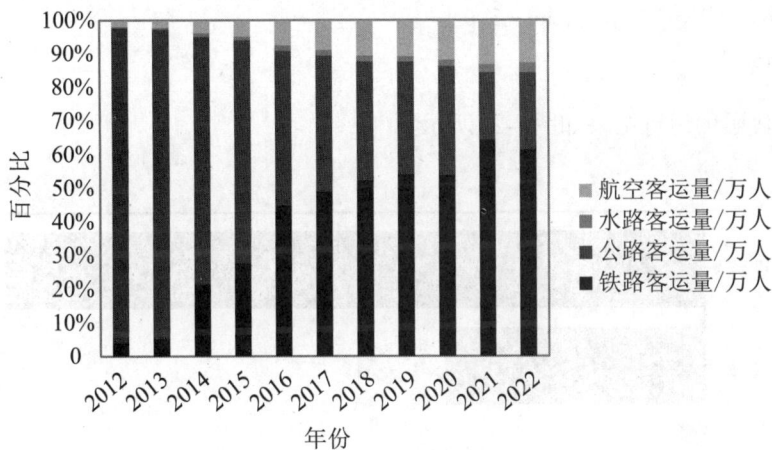

图8-21 百分比堆积柱形图示例

(5)簇状条形图

barh()函数用于在纵轴上绘制定性数据的分布特征,也可以理解为把bar()的图像换了个方向,所以barh()的原型与bar()一样。以下代码绘制了条形图。

```
import matplotlib.pyplot as plt
import matplotlib as mpl
```

```
#设置字体
mpl.rcParams['font.family'] = 'SimSun'
mpl.rcParams['font.sans-serif'] = ['Times New Roman']
plt.rcParams['axes.unicode_minus'] = False
#数据
modes = ['铁路', '公路', '水路', '航空']
values = [2964, 1105, 139, 617]
#设置图像的大小和分辨率
fig, ax = plt.subplots(figsize = (4.8, 2.8), dpi = 300)
#设置柱形颜色
bars = plt.barh(modes, values, color = ['black', 'dimgray', 'darkgray', 'lightgray'])
#设置横纵坐标标题
ax.set_xlabel('客运量/万人')
ax.set_ylabel('运输方式')
#绘制图像
plt.gca().invert_yaxis()        #反转y轴,使数值大的运输方式显示在顶部
plt.tight_layout()
plt.savefig("柱形图.png", dpi = 300)
plt.show()
```

上述代码的运行结果如图8-22所示。

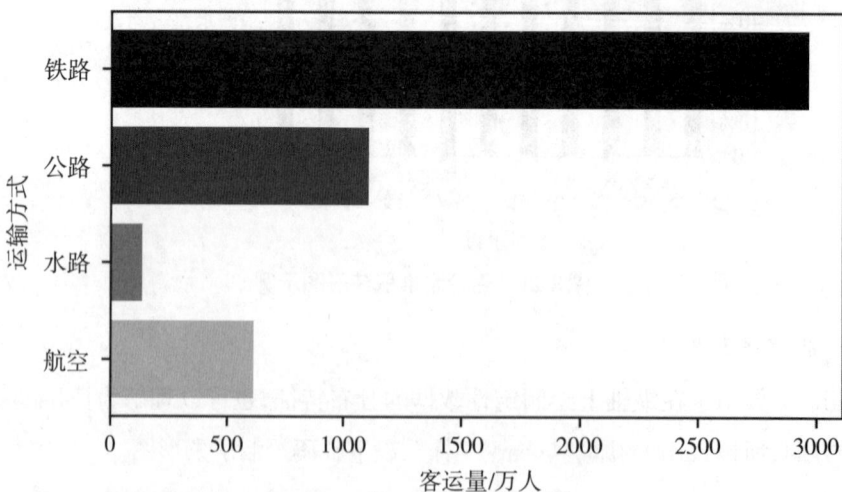

图8-22　簇状条形图示例

(6)百分比堆积条形图

```
import matplotlib.pyplot as plt
import matplotlib as mpl
import numpy as np
from matplotlib.ticker import FuncFormatter          # 导入 FuncFormatter
# 设置字体
mpl.rcParams['font.family'] = 'SimSun'
mpl.rcParams['font.sans-serif'] = ['Times New Roman']
plt.rcParams['axes.unicode_minus'] = False
mpl.rcParams['font.size'] = 10.5
# 数据
years = [2012, 2013, 2014, 2015, 2016, 2017, 2018, 2019, 2020, 2021, 2022]
railway_passenger = [1119, 1273, 3556, 3954, 4687, 5183, 5745, 6198, 4052, 4621,
2964]
road_passenger = [26285, 22850, 12144, 9430, 4813, 4302, 3858, 3829, 2426, 1427,
1105]
water_passenger = [123, 124, 171, 160, 170, 185, 190, 183, 138, 175, 139]
air_passenger = [527, 546, 636, 685, 779, 939, 1172, 1241, 897, 946, 617]
# 将数据逆序排列
years.reverse()
railway_passenger.reverse()
road_passenger.reverse()
water_passenger.reverse()
air_passenger.reverse()
# 计算每年的总客运量
total_passenger = np. array(railway_passenger) + np. array(road_passenger) + np. array
(water_passenger) + np.array(air_passenger)
# 计算百分比
railway_percentage = np.array(railway_passenger) / total_passenger * 100
road_percentage = np.array(road_passenger) / total_passenger * 100
water_percentage = np.array(water_passenger) / total_passenger * 100
air_percentage = np.array(air_passenger) / total_passenger * 100
# 创建图层
fig, ax = plt.subplots(figsize = (4.5, 2.6), dpi = 300)          # 设置图表格式
# 设置图层属性
```

```
ax.set_xlabel('百分比', fontsize = 10.5)                    # 设置x轴标签格式
# 设置柱形图的宽度
width = 0.35
# 定义柱形颜色
colors = ['black', 'dimgray', 'darkgray', 'lightgray']
# 绘制横向柱形图，设置颜色
plt. barh(years, railway_percentage, height = width, label = '铁路客运量/万人', color =
colors[0])
plt. barh(years, road_percentage, height = width, label = '公路客运量/万人', left =
railway_percentage, color = colors[1])
plt. barh(years, water_percentage, height = width, label = '水路客运量/万人', left =
railway_percentage + road_percentage, color = colors[2])
plt. barh(years, air_percentage, height = width, label = '航空客运量/万人', left =
railway_percentage + road_percentage + water_percentage, color = colors[3])
# 设置y轴标签
ax.set_yticks(years)
ax.set_yticklabels(years)
# 添加整数值的自定义横坐标标签
def integer_formatter(x, pos):
    return f"{int(x)}%"
ax.xaxis.set_major_formatter(FuncFormatter(integer_formatter))
# 显示图例，将图例放置在图片的右上角外部并去掉图例边框
legend = plt. legend(loc = 'upper left', bbox_to_anchor = (1, 0.75), frameon = False,
fontsize = 8)
ax.set_yticklabels(years, fontsize = 10.5)
ax.xaxis.set_tick_params(labelsize = 10.5)
# 保存图片并显示
plt.tight_layout()
# bbox_inches = 'tight'确保保存整个图像
plt.savefig("百分比堆积横向柱形图.png", bbox_inches = 'tight')
plt.show()
```

上述代码的运行结果如图8-23所示。

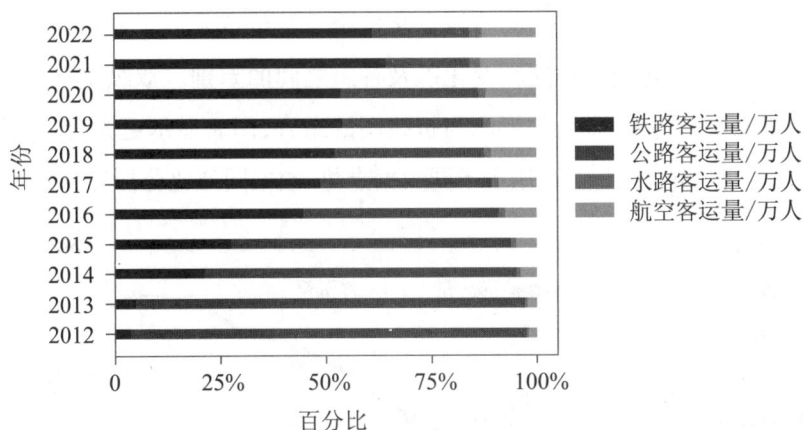

图8-23　百分比堆积条形图示例

表8-4总结了柱形图与条形图的适用情况。

表8-4　柱形图与条形图适用范围

图表类型	适用范围
簇状柱形图	展示多个数据之间的差异,适用于较小规模的数据,常用来比较同一指标下的不同群体
双纵坐标柱形图	适用情况很多,比如数量级相差很大的情况
堆积柱形图	比较每个分组的数据总量,反映组内每个系列值的大小
百分比堆积柱形图	适合展示同类别的每个变量的比例
簇状条形图	显示各项目之间的比较情况,作用和柱形图类似
百分比堆积条形图	适合展示同类别的每个变量的比例

8.3　折线图和组合图

折线图也是常见的图表类型。它是将同一数据系列的数据点在图上用直线连接起来,以等间隔显示数据的变化趋势。折线图适合二维的大数据集,尤其是那些趋势比单个数据点更重要的场合。

组合图表是在一个图表中应用多种图表类型的元素来同时展示多组数据。组合图表可以使图表类型更加丰富,还可以更好地区别不同的数据,并强调不同数据关注的侧重点。

8.3.1　Excel绘图

根据8.1.1示例数据展示的两个表格,绘制折线图与双纵坐标组合图。具体见图8-24、图8-25。折线统计图用折线的起伏表示数据的增减变化情况,不仅可以表示数量的多少,而且可以反映数据的增减变化情况。其特点是易于显示数据变化趋势和变化幅度,可以直观地反映这种变化以及各组之间的差别。双纵坐标图是指有多个(≥2)y轴的数据图表,多为柱形图与折线图的结合,图表显示更为直观,除了适合分析两个相差较大的数据,也适用于不同数据走势、数据同环比分析等场景。

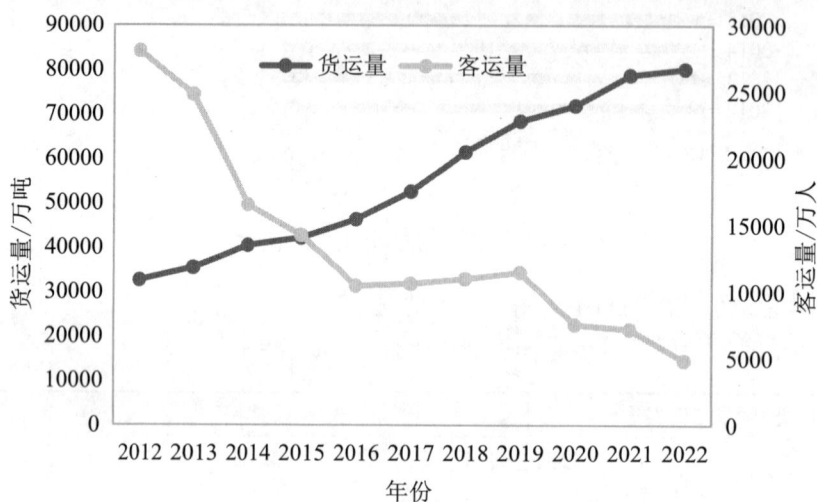

图8-24　折线图示例

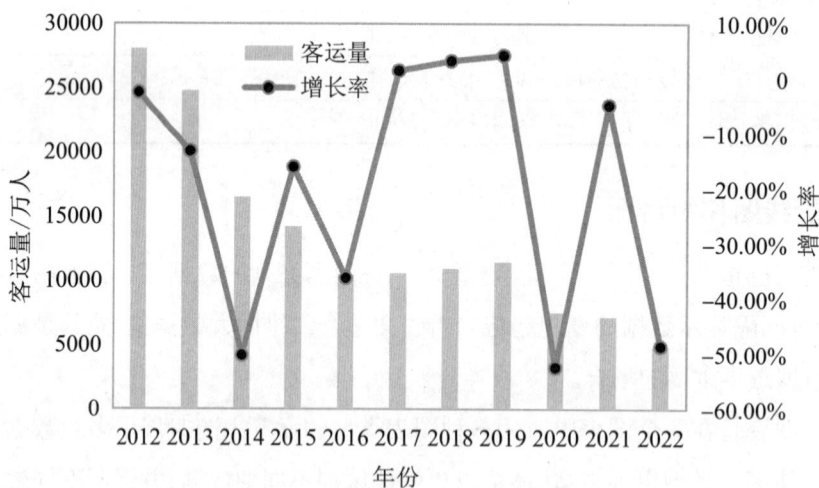

图8-25　双纵坐标组合图示例

8.3.2　Python绘图

plot函数主要用于绘制各类函数曲线,其语法格式如下:

plt.plot(x, y, format_string, **kwargs)

其中 x 代表的是 x 轴数据、列表或数组，y 代表的是 y 轴数据、列表或数组，format_string 表示控制曲线的格式字符串，由颜色字符、风格字符、标记字符等组成，**kwargs 指的是第二组或更多(x, y, format_string)，可画多条曲线。详细字符含义见表 8-5 至表 8-7。

表8-5　颜色字符

字符	代表颜色
'b'	蓝色
'm'	洋红色
'g'	绿色
'y'	黄色
'r'	红色
'k'	黑色
'w'	白色
'c'	青绿色
'#008000'	RGB某颜色，'0.8'代表灰度值字符串
其他	多条曲线不指定颜色时，会自动选择不同颜色

表8-6　风格字符

字符	功能
'-'	实线
'--'	破折线
'-.'	点画线
':'	虚线

表8-7　标记字符

字符	功能
'.'	点标记
'D'	菱形标记
'o'	实心圈标记
'v'	倒三角标记
's'	正方形标记
'>'	右三角标记
'x'	x标记

(1)折线图

plot()函数能够在一幅图中绘制多条曲线。如果 x 和 y 的对应关系是列表或者元组,则图形将呈现出折线图的效果。

```python
import matplotlib.pyplot as plt
import matplotlib as mpl
import numpy as np
# 数据
similarity = [32616, 35409, 40407, 42083, 46258, 52520, 61454, 68407, 71898, 78747]
divergence = [28053, 24793, 16508, 14230, 10450, 10609, 10965, 11451, 7513, 7169]
# 设置中文字体为 'SimSun'
mpl.rcParams['font.family'] = 'SimSun'
# 设置英文字体为 'Times New Roman'
mpl.rcParams['font.sans-serif'] = ['Times New Roman']
# 防止负号显示为方块
plt.rcParams['axes.unicode_minus'] = False
mpl.rcParams['font.size'] = 10.5
# 新的横坐标(年份)
years = [2012, 2013, 2014, 2015, 2016, 2017, 2018, 2019, 2020, 2021]
# 创建图层
fig, ax = plt.subplots(figsize = (4.8, 2.8), dpi = 300)
# 绘制折线图
ax.plot(years,similarity, marker = 'o',markersize = 3,color = 'lightgray',label = '货运量')
ax.set_xlabel('年份', fontsize = 10.5)
ax.set_ylabel('货运量/万吨', fontsize = 10.5)
# 创建第二个 y 轴
ax2 = ax.twinx()
# 绘制折线图
ax2.plot(years, divergence, marker = 's', markersize = 3, color = 'black', label = '客运量')
ax2.set_ylabel('客运量/万人', fontsize = 10.5)
# 设置 x 轴刻度和标签
ax.set_xticks(years)
ax.set_xticklabels(years)
# 合并图例
lines, labels = ax.get_legend_handles_labels()
```

```
lines2, labels2 = ax2.get_legend_handles_labels()
ax.legend(loc = (0.25, 0.85), fontsize = 8, frameon = False)
ax2.legend(loc = (0.54, 0.85), fontsize = 8, frameon = False)
# 设置纵坐标范围
ax.set_ylim(0, 90000)
ax2.set_ylim(0, 30000)
# 设置y轴刻度，一个跨度为10000，一个跨度为5000
ax.set_yticks(np.arange(0, 90001, 10000))
ax2.set_yticks(np.arange(0, 30001, 5000))
# 绘制图像
plt.tight_layout()
plt.savefig("折线图 .png", dpi = 300)
plt.show()
```

上述代码运行结果如图 8-26 所示。

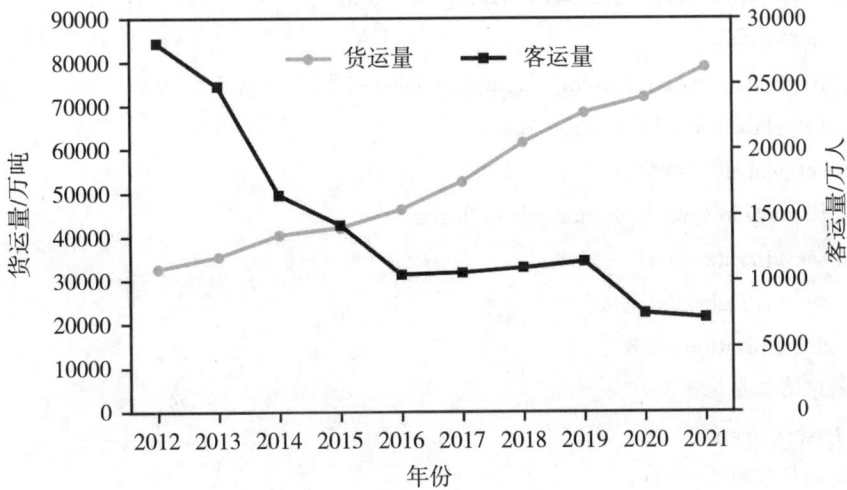

图 8-26　折线图示例

(2)双纵坐标组合图

```
import matplotlib.pyplot as plt
import matplotlib as mpl
import numpy as np
import matplotlib.ticker as mtick
mpl.rcParams['font.size'] = 10.5
```

```
# 数据
x_data = [2012, 2013, 2014, 2015, 2016, 2017, 2018, 2019, 2020, 2021, 2022]
y_data1 = [28053, 24793, 16508, 14230, 10450, 10609, 10965, 11451, 7513, 7169,
4822]
y_data2 = [0,-11.62086051402702,-33.41669019481305,-13.799370002423068,
-26.56359803232607,1.5215311004784688,3.3556414365161658,
4.432284541723666,-34.390009606147935,-4.631971249833622,
-32.658757850662944]
# 设置中文字体为 'SimSun'
mpl.rcParams['font.family'] = 'SimSun'
# 设置英文字体为 'Times New Roman'
mpl.rcParams['font.sans-serif'] = ['Times New Roman']
# 防止负号显示为方块
plt.rcParams['axes.unicode_minus'] = False
# 创建图层
fig, ax1 = plt.subplots(figsize = (4.8, 3.5), dpi = 300)
# 绘制柱形图
ax1.bar(x_data, y_data1, color = 'lightgray', label = '货运量', width = 0.4)
ax1.set_xlabel('年份', fontsize = 10.5)
ax1.set_ylabel('货运量', fontsize = 10.5)
ax1.tick_params(axis = 'y', labelcolor = 'black')
ax1.set_xticks(x_data)
ax1.set_xticklabels(x_data)
plt.xticks(rotation = 45)
# 创建第二个 y 轴
ax2 = ax1.twinx()
# 绘制折线图
ax2. plot(x_data, y_data2, marker = 'o', color = 'black', markersize = 3, linestyle = '--',
label = '增长率')
ax2.set_ylabel('增长率', fontsize = 10.5)
ax2.tick_params(axis = 'y', labelcolor = 'black')
# 将右侧 y 轴刻度标签格式化为整数
ax2.yaxis.set_major_formatter(mtick.FormatStrFormatter('%d'))
# 设置 y 轴范围和刻度
ax1.set_ylim(0, 30000)
```

```
ax1.set_yticks(np.arange(0, 30001, 5000))
ax2.set_ylim(-60, 10)
ax2.set_yticks(np.arange(-60, 11, 10))
ax2.set_yticklabels([f"{val}%" for val in ax2.get_yticks()])
# 合并图例
lines1, labels1 = ax1.get_legend_handles_labels()
lines2, labels2 = ax2.get_legend_handles_labels()
ax1.legend(loc = (0.75, 0.9), fontsize = 8, frameon = False)
ax2.legend(loc = (0.75, 0.8), fontsize = 8, frameon = False)
# 绘制图像
plt.tight_layout()
plt.savefig("zhexianzuhetu.png", dpi = 300)
plt.show()
```

上述代码运行结果如图8-27所示。

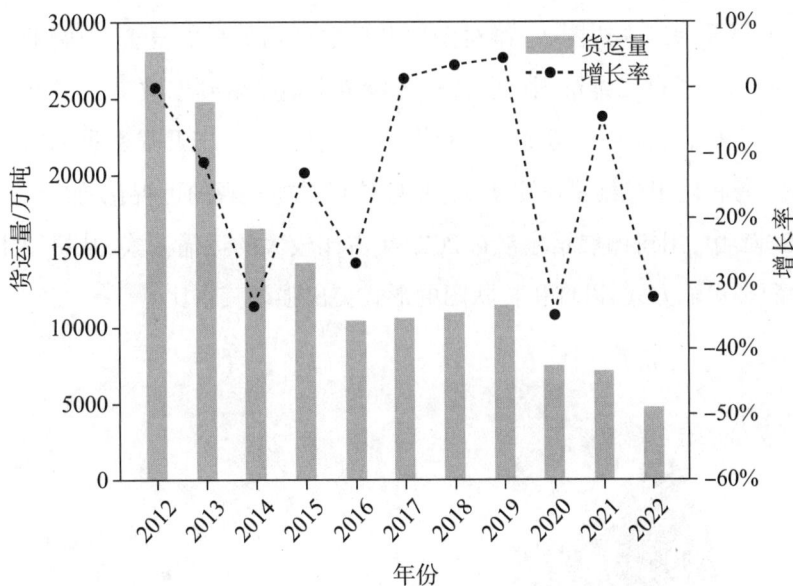

图8-27 双纵坐标组合图示例

表8-8总结了折线图与双纵坐标组合图的适用情况。

表8-8 折线图与双纵坐标组合图适用范围

图表类型	适用范围
折线图	在连续间隔或时间跨度上显示定量数值，用来显示趋势和关系

续表

图表类型	适用范围
双纵坐标组合图	柱形图结合折线图,通过对比多个指标,使得一个图表可以表现两个层次的信息。双纵坐标适用情况很多,比如数量级相差很大时、数据同环比分析对比时等

8.4 饼图

饼图顾名思义就是形如圆饼的图形。饼图将一个数据集按照每个数据项所占比例的大小,将整个数据集表示为一个圆形,再将圆形分割成不同大小的扇形区域,每个扇形区域的大小表示该数据项所占的比例大小。

饼图可以有效地反映某个部分占整体的比例。但除了比例的情况,在实际应用中应尽量避免使用饼图,因为人们肉眼对面积的大小不敏感。一般情况下,总是用柱形图替代饼图。

8.4.1 Excel绘图

这里主要展示二维饼图、三维饼图以及单独突出效果的复合条饼图,如图8-28至图8-30所示。通过二维饼图(图8-28)可以清晰地了解到宁波市2022年各种运输方式客运量占比,特别是在运量大小存在明显差异时,更能凸显数据的特点。三维饼图(图8-29)相比于二维饼图更美观,并且具有更加直观的可视化效果。在复合条饼图(图8-30)中,用饼图展示宁波市2022年占比较大的运输方式,从饼图中提取占比较小的两类运输方式,以堆积柱状图的形式突出强调其占比。

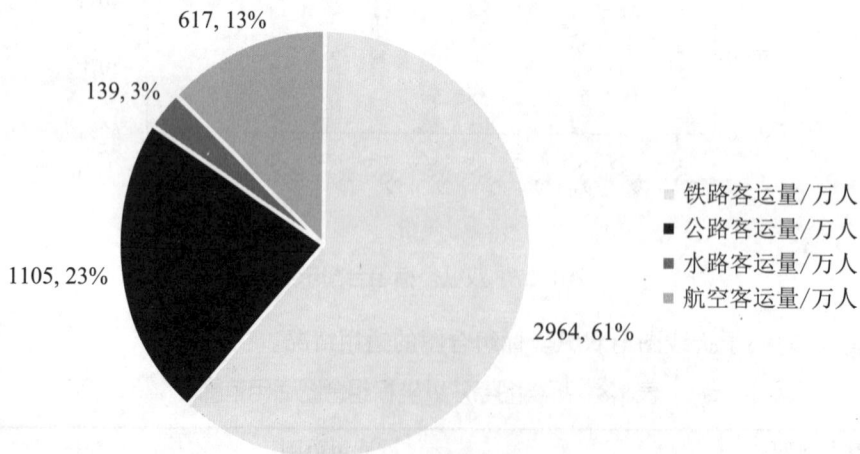

图8-28　二维饼图示例

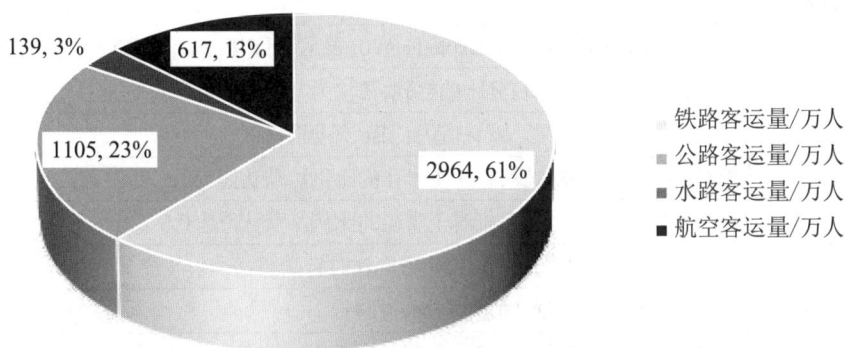

图8-29　三维饼图示例

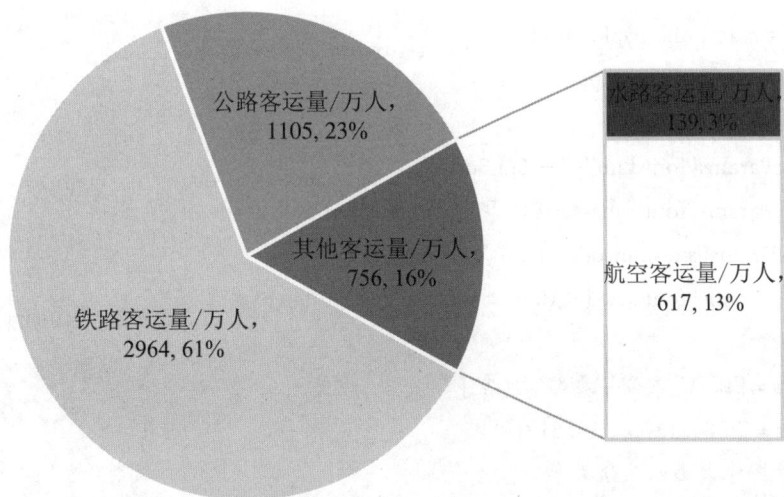

图8-30　复合条饼图示例

8.4.2　Python绘图

pie()函数主要用于绘制饼图,其基本语法格式为:

plt.pie(数据列表,[可选参数列表])

pie()函数的部分可选参数如表8-9所示。

表8-9　pie()函数可选参数示例

参数名	功能
labels	设置数据项的标签
colors	设置扇形的颜色

续表

参数名	功能
explode	决定是否凸出某块扇形。Explode＝0，表示不凸出
autopct	设置显示数据块所占百分比的格式，语法为"%格式%%"
shadow	设置扇形的阴影效果。默认值为False，不画阴影
labeldistance	数据项标签的绘制位置，相对于半径的比例。默认值为1.1
pctdistance	百分比数值的位置刻度，相对于半径的比例。默认值为0.6
startangle	绘图起始角度默认图是从x轴正方向逆时针画起
counterclock	设置扇形的方向。默认值为True，逆时针
radius	控制饼图半径。默认值为None，即半径为1

（1）二维饼图

使用pie()函数绘制饼图，以2022年宁波市客运量为例。

```
import matplotlib.pyplot as plt
import matplotlib as mpl
# 设置字体
mpl.rcParams['font.family'] = 'SimSun'
mpl.rcParams['font.sans-serif'] = ['Times New Roman']
plt.rcParams['axes.unicode_minus'] = False
mpl.rcParams['font.size'] = 10.5
# 数据
modes = ['铁路', '公路', '水路', '航空']
values = [2964, 1105, 139, 617]
# 设置图像大小以及分辨率
fig, ax = plt.subplots(figsize = (4.8, 2.8), dpi = 300)
# 绘制图像
 ax.pie(values,colors = ['gainsboro','dimgray','darkgray','#F8F8F8'],autopct = '%1.1f%%')
ax.legend(modes, loc = "center left", bbox_to_anchor = (1, 0, 0.5, 1),frameon = False)
plt.tight_layout()
plt.savefig("饼图 .png", dpi=300)
plt.show()
```

上述代码运行结果如图8-31所示。

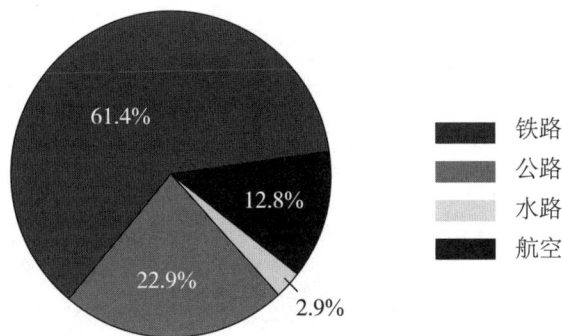

图8-31　二维饼图示例

（2）复合条饼图

以2022年宁波市客货运量为例，绘制复合条饼图。

```python
import numpy as np
import matplotlib as mpl
import matplotlib.pyplot as plt
from matplotlib.patches import ConnectionPatch
# 设置中文字体为 'SimSun'
mpl.rcParams['font.family'] = 'SimSun'
# 设置英文字体为 'Times New Roman'
mpl.rcParams['font.sans-serif'] = ['Times New Roman']
# 防止负号显示为方块
plt.rcParams['axes.unicode_minus'] = False
mpl.rcParams['font.size'] = 10.5
# 创建画布, 划分子区
fig = plt.figure(figsize = (12, 8), facecolor = 'w')
ax1, ax2 = fig.subplots(nrows = 1, ncols = 2)
# 数据
modes_pie = ['铁路客运量', '公路客运量', '其他客运量']
values_pie = [2964.61, 1105.23, 756.16]
# 绘制饼图, 将标签和数值放在扇形内部
wedges, texts = ax1.pie(values_pie, autopct = None, startangle = 15,
            colors = ['lightgray', 'darkgray', 'gray'],
            explode = [0, 0.05, 0.1], textprops = {'color': 'k', 'fontsize': 14, 'weight': 'bold'})
# 为每个 wedge 添加正确的标签和数值
for i, wedge in enumerate(wedges):
    # 计算每个扇形的中间角度
    ang = (wedge.theta2 - wedge.theta1) / 2. + wedge.theta1
```

```
    # 使用 cos 和 sin 计算标签位置
    x = np.cos(np.radians(ang)) * 0.6
    y = np.sin(np.radians(ang)) * 0.5
    ax1. text(x, y, f'{modes_pie[i]}\n{values_pie[i]:. 2f}万人', ha = 'center', va = 'center',
fontsize = 14, weight = 'bold')
# 绘制条形图,并调整高度和宽度
sales_bar = [617.13, 139.3]                    # 调整顺序,航空在下,水路在上
labels_bar = ['航空客运量', '水路客运量']
colors_bar = ['#FFFFFF', '#4d4d4d']          # 航空为白色,水路为深灰色
xpos = 0
bottom = 0.4                                   # 将条形图底部位置上移,避免条形图靠下
bar_width = 0.4                                # 调整条形图的宽度
height_factor = 1.0
# 绘制条形图并调整标签位置
for j, _ in enumerate(sales_bar):
    ax2. bar(xpos, sales_bar[j] / sum(sales_bar) * height_factor, width = bar_width,
bottom = bottom, color = colors_bar[j], edgecolor = 'black')
    ypos = bottom + (sales_bar[j] / sum(sales_bar) * height_factor) / 2
    bottom += sales_bar[j] / sum(sales_bar) * height_factor
    # 调整水路的标签,使其稍微下移,避免位置过高
    label_y_offset = -0.05 if labels_bar[j] == '水路客运量' else 0
    ax2. text(xpos, ypos + label_y_offset, f'{labels_bar[j]}/万人 , \n{sales_bar[j]:. 2f}',
fontsize = 16, ha = 'center', weight = 'bold')
# 调整 y 轴的显示范围,以控制条形图的高度
ax2.set_ylim(0.2, 1.7)                         # 将下限抬高,以便条形图与饼状图齐平
ax2.axis('off')
ax2.set_xlim(xmin = -0.6, xmax = 1)
# 调整连接线位置,使其对齐条形图的上底和下底
theta1, theta2 = ax1.patches[-1].theta1, ax1.patches[-1].theta2
center, r = ax1.patches[-1].center, ax1.patches[-1].r
# 上连接线,对齐柱状图上底
x = r * np.cos(np.pi / 180 * (theta2 + 5)) + center[0]
y = r * np.sin(np.pi / 180 * (theta2 + 5)) + center[1]
con1 = ConnectionPatch(xyA = (-0.25, 1.4), coordsA = ax2. transData, xyB = (x, y),
coordsB = ax1.transData)                       # 对齐条形图上底
con1.set_color('gray')
con1.set_linewidth(1.5)
ax2.add_artist(con1)
```

```
# 下连接线,对齐柱状图下底
x = r * np.cos(np.pi / 180 * (theta1 - 5)) + center[0]
y = r * np.sin(np.pi / 180 * (theta1 - 5)) + center[1]
con2 = ConnectionPatch(xyA=(-0.25, 0.4), coordsA=ax2.transData, xyB=(x, y), coordsB=
ax1.transData)                           # 对齐条形图下底
con2.set_color('gray')
con2.set_linewidth(1)
ax2.add_artist(con2)
# 调整子区布局,增大条形图和饼图之间的间距
fig.subplots_adjust(wspace = 0.05)
# 保存并显示图像
plt.savefig("复合条饼图_调整后 .png", dpi = 300)
plt.show()
```

上述代码运行结果如图8-32所示。

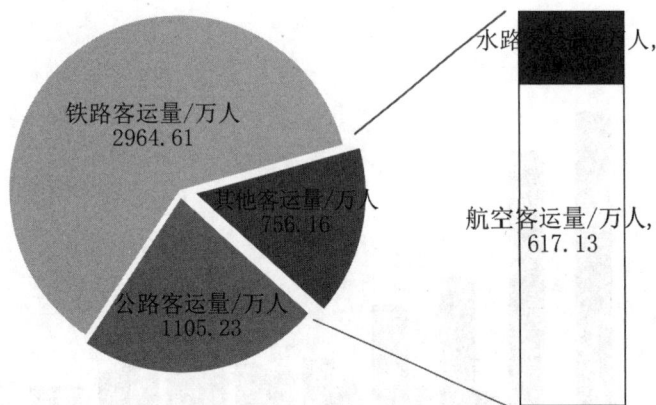

图8-32　复合条饼图示例

表8-10总结了二维饼图、三维饼图与复合条饼图的适用情况。

表8-10　各类饼图适用范围

图表类型	适用范围
二维饼图	用于显示不同类别或组别的相对比例关系,适用于分类较少的数据
三维饼图	相比于二维更美观,并且具有更加直观的可视化效果
复合条饼图	可以显示整体的比例,从第一个饼图中提取一些值,将其合并在第二个堆积柱形图中,使较小百分比更具可读性,或突出强调第二个图中的值

8.5　三维变量可视化

从未来的发展来看,三维变量可视化必将成为数据可视化的主导形式。一般可视化仍然很重要,因为它易于使用并且能够以快速简洁的方式高效地显示数据,通常使用二维图表、图形来显示数据。而三维数据可视化能够提供更加身临其境的体验,允许用户在三维空间中与数据进行交互,还可用于显示不同数据点之间的复杂关系,并更好地处理可视化数据随时间变化的影响。

8.5.1　Excel绘图

这里主要展示三维柱形图与曲面图,具体见图8-33、图8-34。三维柱形图相较于二维的更美观,并且具有更加直观的可视化效果。曲面图显示的是连接一组数据点的三维曲面。曲面图好像一张地形图,曲面图中的颜色不是用于区别数据系列的,而是用来区别值。

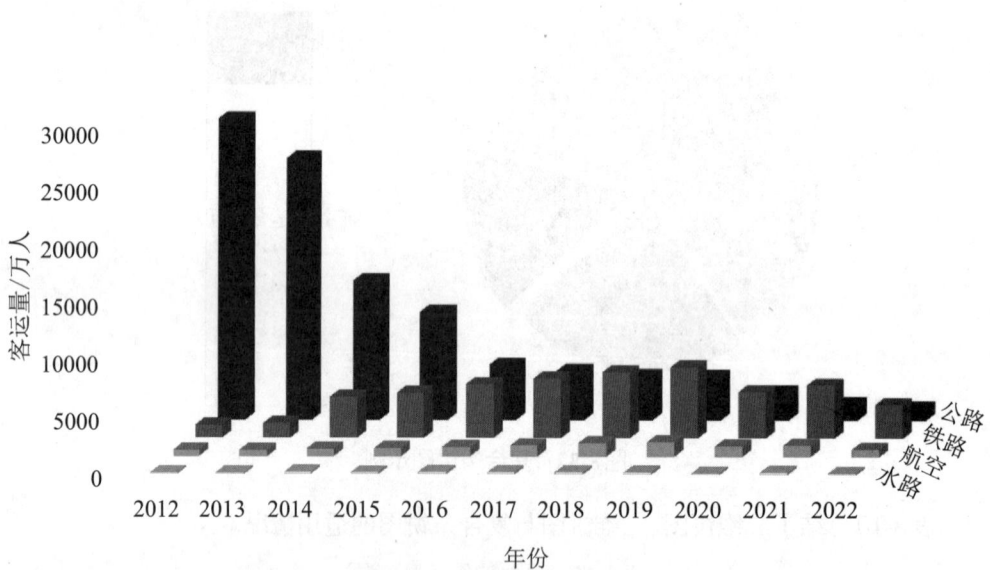

图8-33　三维柱形图示例

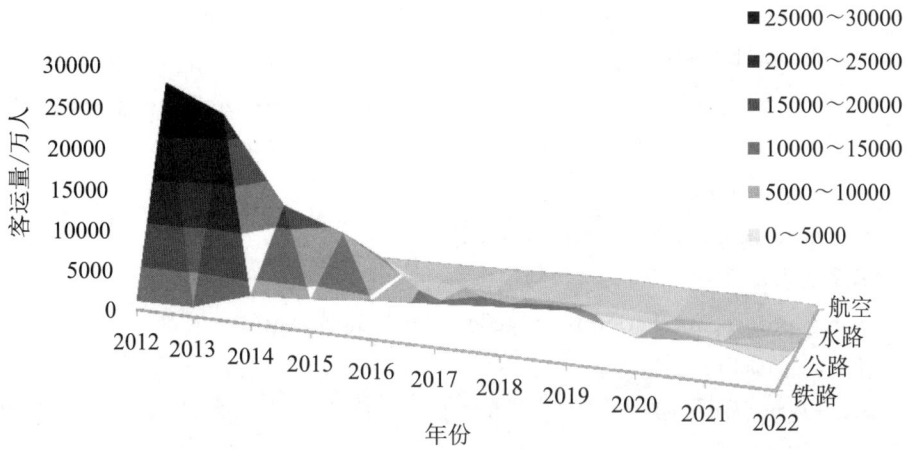

图8-34 曲面图示例

8.5.2 Python绘图

（1）三维柱形图

```
import matplotlib as mpl
import matplotlib.pyplot as plt
import numpy as np
from mpl_toolkits.mplot3d import Axes3D
# 设置中文字体为 'SimSun'
mpl.rcParams['font.family'] = 'SimSun'
# 设置英文字体为 'Times New Roman'
mpl.rcParams['font.sans-serif'] = ['Times New Roman']
# 防止负号显示为方块
plt.rcParams['axes.unicode_minus'] = False
mpl.rcParams['font.size'] = 10.5
# 数据
years = [2012, 2013, 2014, 2015, 2016, 2017, 2018, 2019, 2020, 2021, 2022]
modes = ['公路', '铁路', '航空', '水路']
# 数据
railway_passenger = [1119, 1273, 3556, 3954, 4687, 5183, 5745, 6198, 4052, 4621,
2964]
road_passenger = [26285, 22850, 12144, 9430, 4813, 4302, 3858, 3829, 2426, 1427,
1105]
water_passenger = [123, 124, 171, 160, 170, 185, 190, 183, 138, 175, 139]
```

```
air_passenger = [527, 546, 636, 685, 779, 939, 1172, 1241, 897, 946, 617]
# 重新排列数据，确保顺序一致
data = np.array([road_passenger, railway_passenger, air_passenger, water_passenger])
# 画图
fig = plt.figure(figsize = (12, 8))
ax = fig.add_subplot(111, projection = '3d')
# 设置图表元素
x_pos, z_pos = np.meshgrid(np.arange(len(years)), np.arange(4))
x_pos = x_pos.flatten()
z_pos = z_pos.flatten()
y = data.flatten()
# 设置柱形宽度
width = depth = 0.5
# 设置柱形图颜色
colors = ['darkgray', 'lightgray', 'gray', 'dimgray']
# 设置图像
for i in range(len(modes)):
    for j in range(len(years)):
        ax.bar3d(j, i, 0, width, depth, data[i][j], shade = True, color = colors[i])
# 绘制图像
ax.set_xlabel('年份')
ax.set_xticks(np.arange(len(years)))
ax.set_xticklabels(years, rotation = 30)
ax.set_yticks(np.arange(len(modes)))
ax.set_yticklabels(modes)
ax.set_zlabel('客运量/万人')
ax.view_init(elev = 15, azim = 120)
ax.set_xlabel('年份', labelpad = 10)
# 保存并展示图片
plt.savefig("fun.png", dpi = 300)
plt.show()
```

上述代码运行结果如图8-35所示。

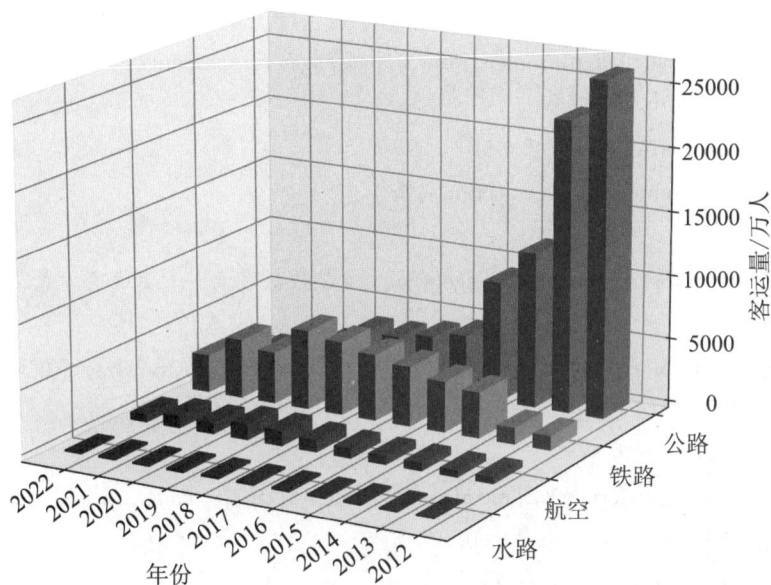

图8-35 三维柱形图示例

(2)曲面图

```
import numpy as np
import matplotlib as mpl
import matplotlib.pyplot as plt
# 设置中文字体为 'SimSun'
mpl.rcParams['font.family'] = 'SimHei'
# 设置英文字体为 'Times New Roman'
mpl.rcParams['font.sans-serif'] = ['Times New Roman']
# 防止负号显示为方块
plt.rcParams['axes.unicode_minus'] = False
mpl.rcParams['font.size'] = 10.5
# 数据
years = [2012, 2013, 2014, 2015, 2016, 2017, 2018, 2019, 2020, 2021, 2022]
modes = ['公路', '铁路', '航空', '水路']
railway_passenger = [1119,1273,3556,3954,4687,5183,5745,6198,4052, 4621,2964]
road_passenger = [26285, 22850, 12144, 9430, 4813, 4302, 3858, 3829, 2426, 1427, 1105]
water_passenger = [123, 124, 171, 160, 170, 185, 190, 183, 138, 175, 139]
air_passenger = [527, 546, 636, 685, 779, 939, 1172, 1241, 897, 946, 617]
```

```
# 数据
data = np.array([road_passenger, railway_passenger, air_passenger, water_passenger])
# 设置图像大小及分辨率
fig = plt.figure(figsize = (7.8, 4.8))
ax = fig.add_subplot(111, projection = '3d')
# 绘制图像
X, Y = np.meshgrid(years, np.arange(4))        # 使用数字索引表示运输方式
Z = data
cmap = mpl.colors.LinearSegmentedColormap.from_list("CustomGray",[(0,'lightgray'),(1,
'black')],N = 256)
# 绘制图像
surf = ax.plot_surface(X,Y,Z, rstride = 1, cstride = 1, cmap = cmap, antialiased = False)
ax.set_xlabel('年份', labelpad = 10)
ax.set_xticklabels(years, rotation = 30)
# 设置图像元素
ax.set_xlabel('年份')
ax.set_xticks(years)
ax.set_yticks(np.arange(4))
ax.set_yticklabels(modes)
ax.set_zlabel('客运量/万人')
ax.view_init(elev = 15, azim = 125)
ax.set_xlabel('年份', labelpad = 10)
cbar = fig.colorbar(surf, shrink = 0.5, aspect =5)
# 展示并保存图片
plt.savefig("曲面图.png", dpi = 300)
plt.show()
```

上述代码运行结果如图 8-36 所示。

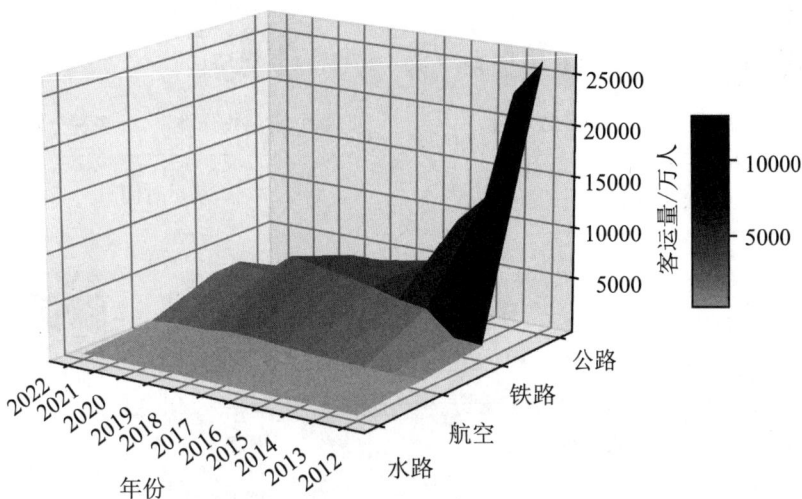

图8-36　曲面图示例

表8-11总结了三维柱形图与曲面图的适用情况。

表8-11　三维柱形图与曲面图适用范围

图表类型	适用范围
三维柱形图	相比于二维的更美观,并且具有更加直观的可视化效果
曲面图	类似于拓扑图形,常用于揭示数据点在空间中的分布和相互关系

8.6　图表类型选择方法

那么,图表应该怎么选型呢? 其实没有标准的答案。图8-37是我们根据图表的特点给出的选择指南,供参考。

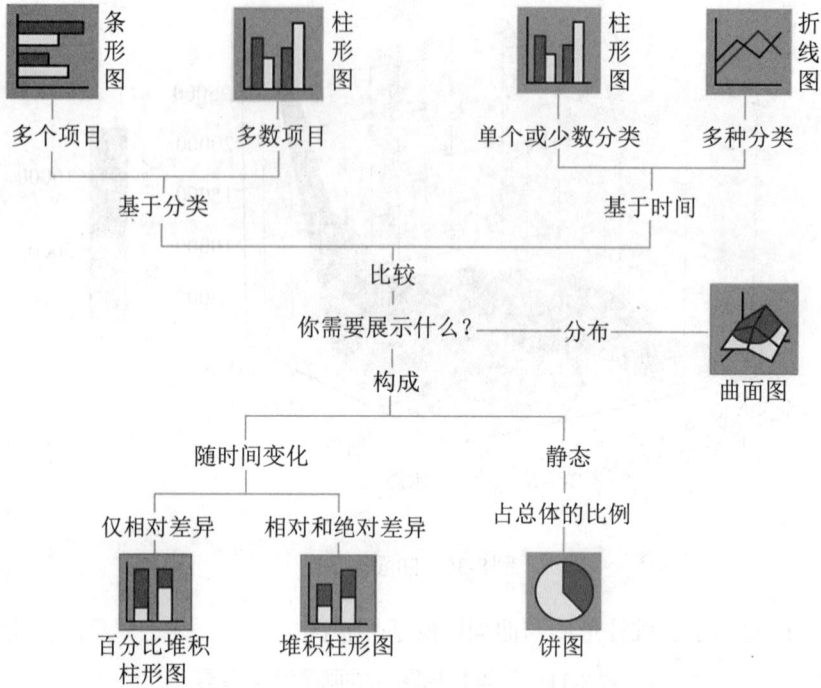

图8-37　图表建议思维指南

　　我们制作图的目的和初衷是更好地展示数据特点。在作图之前,先问问自己,一定要用图才能把事情说清楚吗? 有的时候,可能我们将数据本身用其他可视化手段操作一下也足够了,例如条件格式、迷你图等。

　　条件格式其实就是让符合条件的单元格显示为预设的格式,根据条件使用数据条、色阶和图标集,以突出显示相关单元格,强调异常值,以及实现数据的可视化效果;迷你图是显示在单个单元格中的一个小图表。迷你图能够使人快速识别基于时间的趋势或数据变化,因为它们很紧凑,所以几乎总是成组地使用,虽然迷你图看起来像小型的图表(有时可代替图表),但是此功能与图表完全独立。例如,图表放置在工作表上的绘图层中,并且单个图表可以显示多个数据系列,而迷你图则显示在一个单元格中,并且只显示一个数据系列。

　　图8-38采用迷你图展示宁波市2012—2022年各种运输方式客运量的变化趋势。

年份	铁路客运量/万人	公路客运量/万人	水路客运量/万人	航空客运量/万人
2012	1119	26285	123	527
2013	1273	22850	124	546
2014	3556	12144	171	636
2015	3954	9430	160	685
2016	4687	4813	170	779
2017	5183	4302	185	939
2018	5745	3858	190	1172
2019	6198	3829	183	1241
2020	4052	2426	138	897
2021	4621	1427	175	946
2022	2964	1105	139	617
图示				

图8-38　迷你图示例

本章课件和
案例代码

[1] 张健,张良均. Python 编程基础[M]. 北京:人民邮电出版社,2018.

[2] 刘志远,张文波. 交通大数据:理论与方法[M]. 2版. 杭州:浙江大学出版社,2022.

[3] VANDERPLAS J. Python data science handbook: Essential tools for working with data [M]. Sebastopol, CA: O'Reilly Media, 2016.

[4] GUTTAG J V. Introduction to computation and programming using Python: With application to understanding data [M]. Cambridge, MA: MIT Press, 2016.

[5] HASLWANTER T. An introduction to statistics with Python [J]. With applications in the life sciences. Cham, Switzerland: Springer, 2016.

[6] 闫红伟. 交通大数据在智能高速公路中的应用探讨[J]. 中国交通信息化,2015(3): 94-95.

[7] 刘汝焯,戴佳筑,何玉洁. 大数据应用分析技术与方法[M]. 北京:清华大学出版社,2018.

[8] 陆治荣. 探索性数据分析及其在流程业的应用[M]. 北京:中国石化出版社,2013.

[9] 张良均,王路,谭立云,等. Python 数据分析与挖掘实战[M]. 北京:机械工业出版社,2016.

[10] 麦金尼. 利用 Python 进行数据分析[M]. 唐学韬,译. 3版. 北京:机械工业出版社,2018.

[11] 内利. Python 数据分析实战[M]. 杜春晓,译. 北京:人民邮电出版社,2016.

[12] NAVLANI A, FANDANGO A, IDRIS I. Python data analysis: Perform data collection, data processing, wrangling, visualization, and model building using Python [M]. Birmingham: Packt, 2021.

[13] VELIKAJNE N, MOŠKON M. RhythmCount: A Python package to analyse the rhythmicity in count data [J]. Journal of computational science, 2022, 63: 101758.

[14] EMBARAK D O, EMBARAK K. Data analysis and visualization using Python

[M]. Berkeley, CA: Apress, 2018.

[15] 刘小玲,郑彭军.跨海大桥安全运营与管理[M].杭州:浙江大学出版社,2023.

[16] 韩明.概率论与数理统计[M].5版.上海:同济大学出版社,2019.

[17] ZJE_ANDY.概率论——泊松分布[EB/OL].(2018-11-09)[2024-06-28].https://shorturl.asia/guA9w.

[18] 李岩,王永岗.交通工程学[M].北京:人民交通出版社,2019.

[19] 王炜,陈峻,过秀成,等.交通工程学[M].3版.南京:东南大学出版社,2019.

[20] 李国莉.统计理论与实务[M].北京:化学工业出版社,2019.

[21] 刘桂荣.统计学原理[M].2版.上海:华东理工大学出版社,2009.

[22] 卢小广,刘元欣.统计学教程[M].3版.北京:交通大学出版社,2017.

[23] 王宝海,王坚.统计学原理[M].北京:中国农业出版社,2018.

[24] 费宇,石磊.统计学[M].北京:高等教育出版社,2016.

[25] 朱九龙.运筹学[M].北京:中国纺织出版社,2019.

[26] 吕晓玲,宋捷.大数据挖掘与统计机器学习 [M].2版.北京:中国人民大学出版社,2019.

[27] RASCHKA S. Python machine learning [M]. Birmingham: Packt, 2015.

[28] HARRINGTON P. Machine learning in action [M]. Shelter Island, NY: Simon and Schuster, 2012.

[29] 谢中华.MATLAB统计分析与应用:40个案例分析[M].2版.北京:北京航空航天大学出版社,2015.

[30] 陈文登,张开元.和秋叶一起学Excel [M].3版.北京:人民邮电出版社,2023.